兵庫県
岡山県
松江19
広瀬3
母里1
鳥取県
鹿野3
若桜2
鳥取33
豊岡2
出石3
柏原2
篠山6
三草1
対馬10
浜田6
島根県
津和野4
長州37
福岡県
小倉新田1
小倉15
清末1
長府5
山口県
広島43
広島新田3
広島県
徳山4
岩国6
福山11
新見2
松山5
浅尾1
岡山新田2
鴨方3
岡田1
足守3
庭瀬2
勝山2
岡山32
津山10
三日月2
山崎1
赤穂2
龍野5
安志1
林田1
姫路15
小野1
三田4
明石8
平戸新田1
平戸6
佐賀県
唐津6
小城7
佐賀36
蓮池5
福岡47
柳河12
久留米21
秋月5
中津10
日出2
杵築3
多度津1
丸亀5
香川県
高松12
今治4
松山15
小松1
西条3
岸和田5
伯太1
狭山1
五島1
長崎県
鹿島2
大村3
三池1
森1
大分県
府内2
臼杵5
岡7
佐伯2
吉田3
大洲6
新谷1
愛媛県
徳島県
徳島26
大阪府
紀州56
和歌山県
島原7
宇土3
熊本新田4
熊本54
熊本県
宇和島10
高知県
土佐24
土佐新田1
田辺4
延岡7
宮崎県
人吉2
高鍋3
佐土原
薩摩77
鹿児

シリーズ藩物語

大聖寺藩

山口隆治……著

現代書館

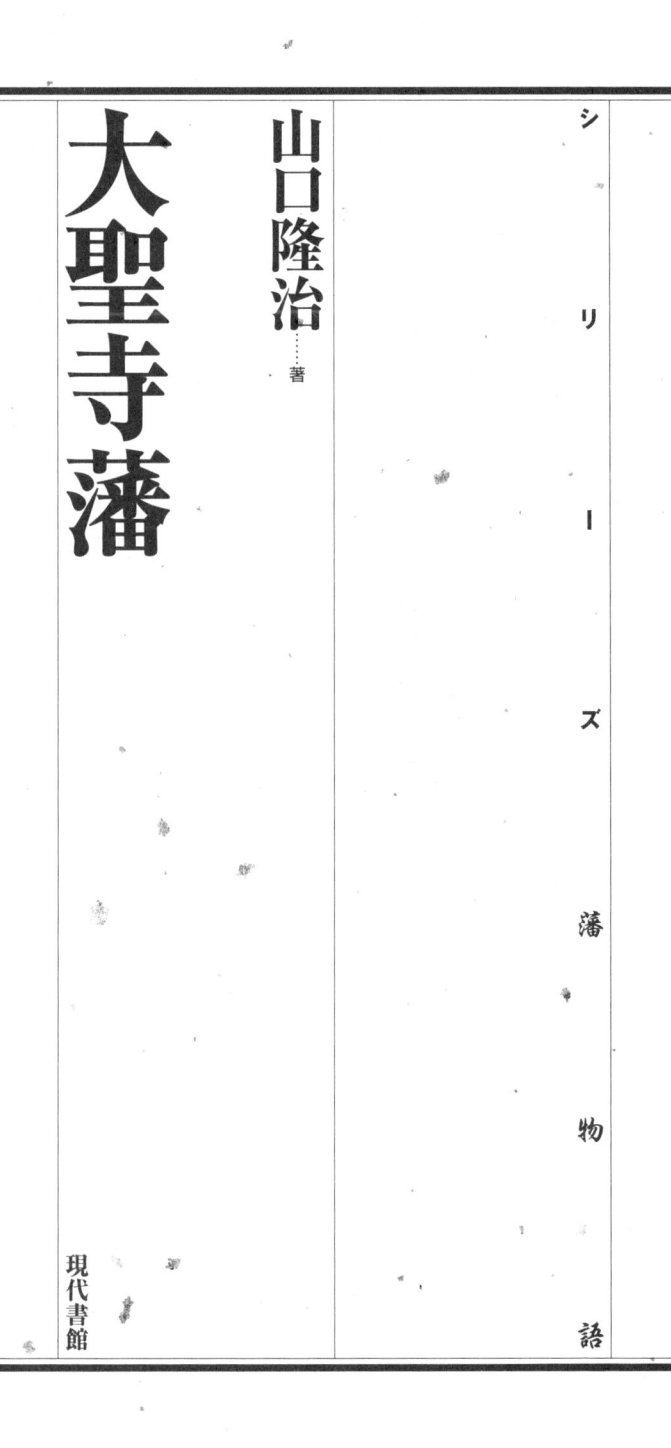

プロローグ

一向一揆の国から加賀藩の支配へ

大聖寺《だいしょうじ》藩は、江戸時代に加賀国の江沼《えぬま》郡と能美《のみ》郡の一部（現在の石川県加賀市と小松市の一部）を領地とした外様中藩である。

大聖寺藩が成立する以前のこの地域の歴史を少し遡っておこう。加賀国は、室町後期に起きた加賀の一向一揆を契機に、本願寺門徒による統治が百年近く続いたことで有名である。この「百姓の持ちたる国」を崩壊させたのは、全国統一を目指す織田信長であった。信長勢は天正三年（一五七五）八月に加賀・越前の国境を越えて江沼郡に侵入し、大聖寺（大正持）城・檜屋《ひのや》城を前進基地として江沼・能美両郡を占領した。信長は同年に柴田勝家《かついえ》を越前北庄《きたのしょう》（現福井市）に置き、翌年に大聖寺城に梁田広正《やなだひろまさ》（戸次右近《べっきうこん》）を配置した。しかし、信長は同十年六月に京都の本能寺で部下の明智光秀に討たれ、あえない最期を遂げた。

信長亡き後、羽柴秀吉と柴田勝家による覇権争いが生じ、賤ヶ岳《しずがたけ》の戦いで勝利した秀吉は、その論功行賞として前田利家《としいえ》に加賀国の石川・河北両郡を与え、丹羽長秀《ながひで》を越前北庄城主として越前・若狭

藩という公国

江戸時代、日本には千に近い独立公国があった

江戸時代。徳川将軍家の下に、全国に三百諸侯《しょこう》★の大名家があった。ほかに寺領や社領、知行所《ちぎょうしょ》★をもつ旗本領《はたもとりょう》などを加えると数え切れないほどの独立公国があった。そのうち諸侯を何々家家中《かちゅう》と称していた。家中は主君を中心に家臣が忠誠を誓い、強い連帯感で結びついていた。家臣の下には足軽《あしがる》層《そう》★がおり、全体の軍事力の維持と領民の統制をしていたのである。その家中を藩と後世の史家は呼んだ。

江戸時代に何々藩と公称することはまれで、明治以降の使用が多い。それは近代からみた江戸時代の大名の領域や支配機構を総称する歴史用語として使われた。その独立公国たる藩にはそれぞれ個性的な藩風《はんぷう》と自立した政治・経済・文化があった。幕藩体制とは歴史学者伊東多三郎《いとうたさぶろう》★氏の視点だが、まさに将軍家の諸侯の統制と各藩の地方分権が巧く組み合わされていた、連邦でもない奇妙な封建的国家体制であった。

今日に生き続ける藩意識

明治維新から百五十年以上経っているのに、今

両国と加賀国江沼・能美両郡を統治させた。これに伴い、長秀の与力として溝口秀勝《ひでかつ》が四万四千石の大聖寺城主となった。

慶長三年（一五九八）四月、丹羽長秀の後任として越前北庄城主となっていた堀秀政の子秀治《ひではる》の越後春日山への移封《いほう》により、筑前・筑後両国（福岡県）の領主であった小早川秀秋《ひであき》が越前北庄城主として入封した。これに伴い、溝口秀勝が六万石を得て越後新発田《しばた》に移封され、小早川家の筆頭家老であった山口玄蕃頭宗永《げんばのかみむねなが》が六万三千石を得て大聖寺城主となった。しかし、同年八月に秀吉が死去すると、徳川家康と石田三成《みつなり》の対立が表面化し、この対立のなかで豊臣方についた山口宗永は、同五年八月三日に徳川方についた金沢城主前田利長《としなが》の大軍勢に破れ、大聖寺城は攻め落とされた。

関ヶ原の戦い後、利長は家康から戦功として能美郡八万石・石川郡松任四万石・江沼郡七万石を新たに与えられ、加越能三カ国に百十九万石を領有する大大名となった。江沼郡は元和元年（一六一五）の一国一城令で大聖寺城が廃止されるまで、加賀藩より派遣された太田長知《おおたながとも》・小塚権太夫《こづかごんだゆう》・横山長秀など大聖寺城代（のち郡奉行）により統治された。この加賀藩の領地内に大聖寺藩が誕生するのは寛永十六年（一六三九）のことである。

でも日本人に藩意識があるのはなぜだろうか。明治四年（一八七一）七月、明治新政府は廃藩置県《はいはんちけん》★を断行した。県を置いて、支配機構を変革し、今までの藩意識を改めようとしたのである。ところが、今でも、「あの人は薩摩藩の出身だ」とか、「我らは会津藩の出身だ」と言う。それは侍出身だけでなく、藩領出身も指しており、藩意識が県民意識をうわまわっているところさえある。むしろ、今でも藩対抗の意識が地方の歴史文化を動かしている。そう考えると、江戸時代に育まれた藩民意識が現代人にどのような影響を与え続けているのかを考える必要があるだろう。それは地方に住む人々の運命共同体としての藩の理性が今でも生きている証拠ではないかと思う。

藩の理性は、藩風とか、藩是《はんぜ》とか、ひいては藩主の家風ともいうべき家訓などで表されていた。

〔稲川明雄（本シリーズ『長岡藩』筆者）〕

諸侯▼江戸時代の大名。
知行所▼江戸時代の旗本が知行として与えられた土地。
足軽層▼足軽・中間・小者など。
伊東多三郎▼近世藩政史研究家。東京大学史料編纂所教授を務めた。
廃藩置県▼幕藩体制を解体する明治政府の政治改革。廃藩により全国は三府三〇二県となった。同年末には統廃合により三府七二県となった。

シリーズ藩物語 大聖寺藩

目次

これも大聖寺

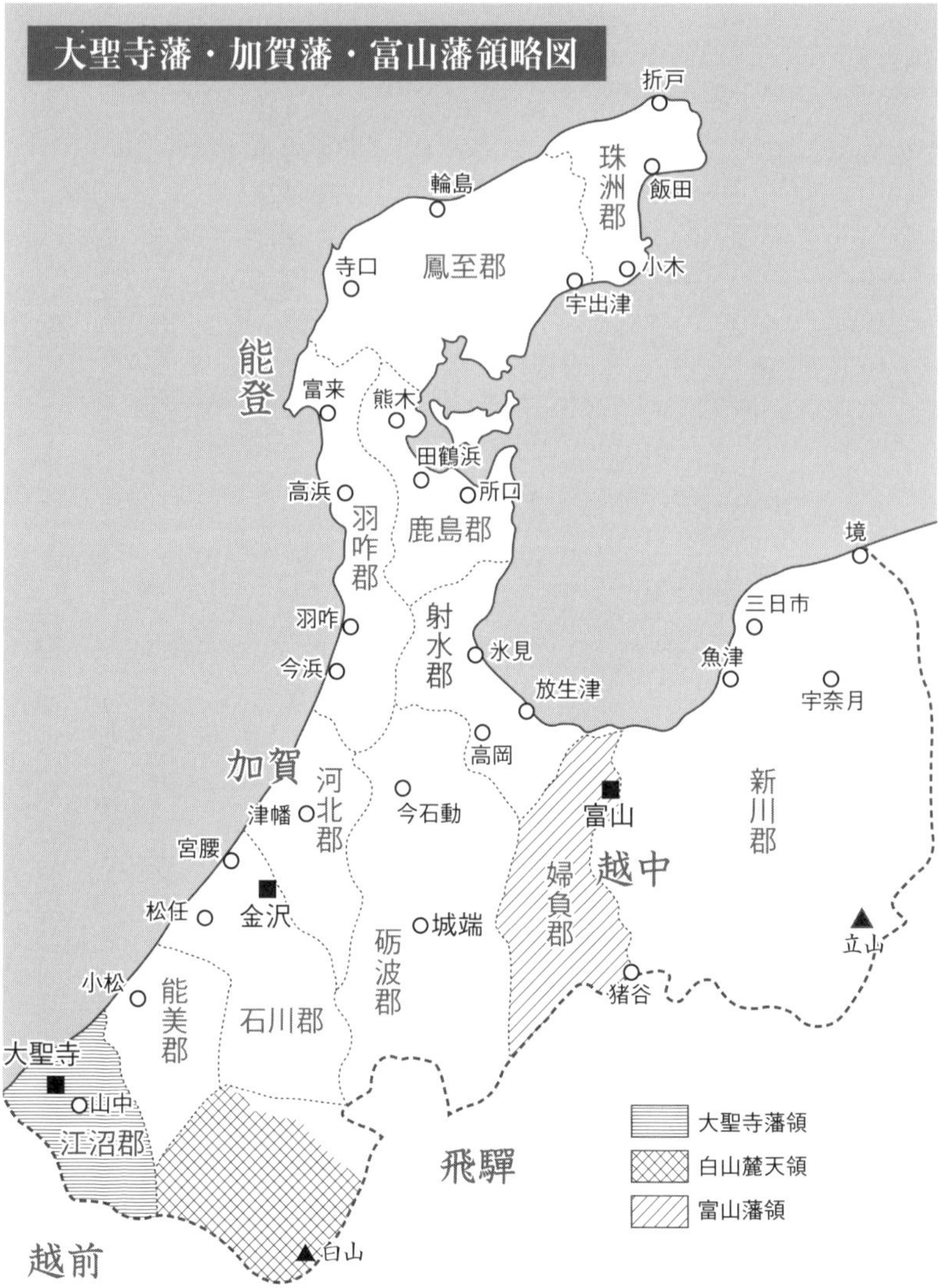
大聖寺藩・加賀藩・富山藩領略図
折戸
珠洲郡
飯田
輪島
鳳至郡
寺口
小木
宇出津
能登
富来
熊木
田鶴浜
所口
高浜
羽咋郡
鹿島郡
境
三日市
羽咋
射水郡
氷見
魚津
今浜
宇奈月
放生津
高岡
加賀
河北郡
今石動
富山
新川郡
津幡
越中
宮腰
婦負郡
金沢
松任
城端
立山
砺波郡
猪谷
小松
能美郡
石川郡
大聖寺
山中
江沼郡
飛騨
大聖寺藩領
白山麓天領
富山藩領
越前
白山

第一章 大聖寺藩の成立

寛永十六年（一六三九）に加賀藩の三藩分立策により成立。

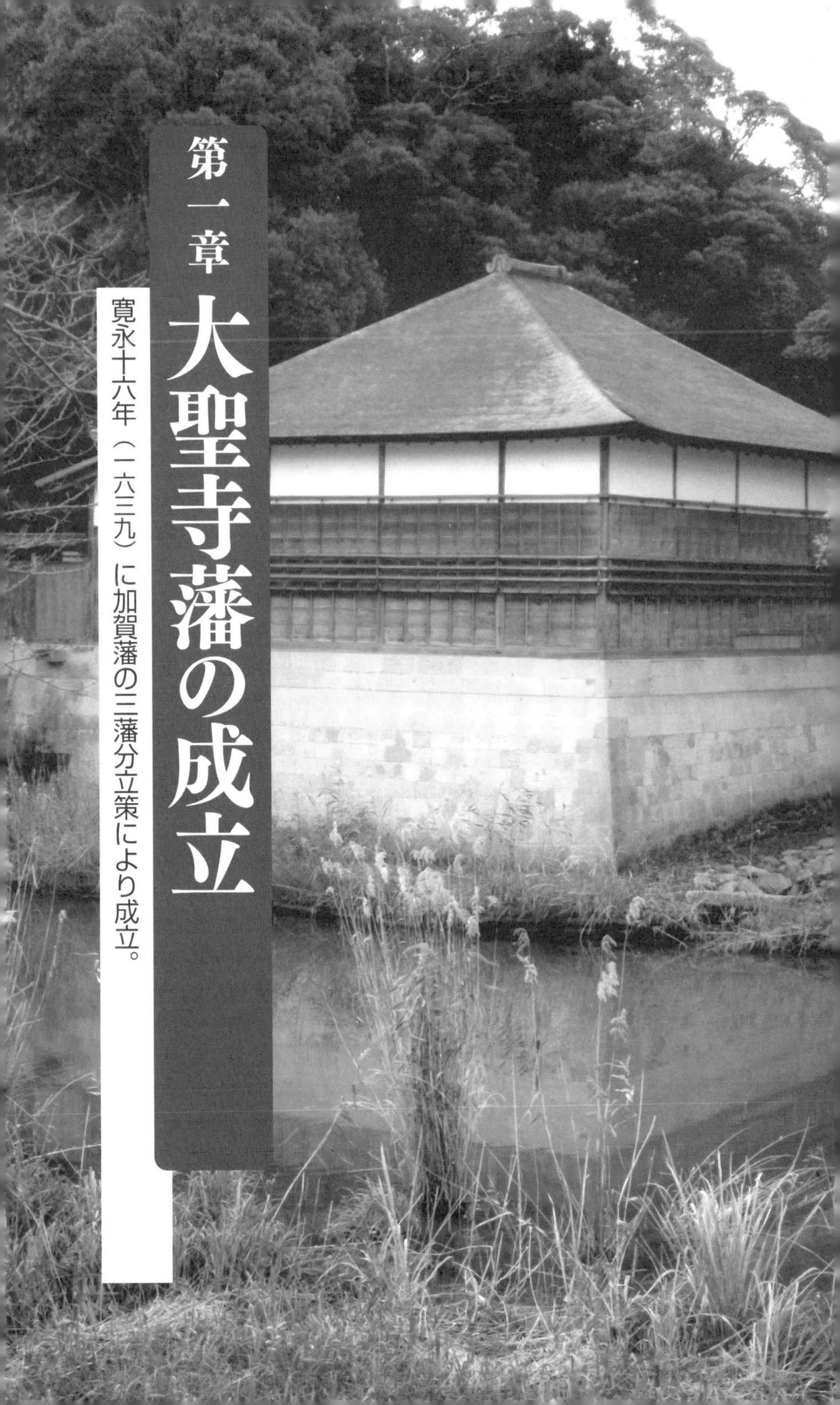

① 前田家の分立

前田利常は加賀藩を長男光高・二男利次・三男利治に分封し、三藩分立の統治を行った。その結果、三男利治を藩祖とする加賀藩の支藩・大聖寺藩が成立した。藩祖利治と二代利明は城下町の整備や殖産興業に努め、大聖寺藩の基礎を築いた。

前田家の三カ国支配

前田利家は、天文七年（一五三九）十二月★に尾張国愛知郡荒子《あらこ》村（現名古屋市中川区荒子）の土豪前田利春の四男として生まれ、同二十年頃に織田信長の小姓として仕え、天正二年（一五七四）には柴田勝家の与力★となった。天正九年には信長から永く勤め功績をあげたとして能登一国二十三万石を与えられ、七尾《ななお》城主となった。また、同十一年には豊臣秀吉から加賀国河北・石川両郡を加増され、本拠地を能登国の小丸山《こまるやま》城から加賀国の金沢城に移した。

前田利長は、永禄五年（一五六二）一月に尾張国荒子城で前田利家の長男として生まれ、はじめ織田信長、のちに柴田勝家や豊臣秀吉に仕えた。天正十三年には秀吉から越中国射水《いみず》・砺波《となみ》・婦負《ねい》郡三十二万石を与えられ、射水郡の守山城主

▼利家の生年
天文七年（一五三九）十二月説が有力だが、同五年説や同六年説もある。

▼与力
有力大名に付属する大名。

となった。慶長三年（一五九八）には父利家の隠居に伴い、砺波・婦負・新川郡および射水郡（氷見庄《ひみのしょう》を除く）と能登国鳳至《ふげし》・珠洲《すず》両郡を領し、従三位権中納言になった。同四年には父利家の死去に伴い、その遺領である加賀国石川（松任《まっとう》を除く）・河北両郡および越中国氷見庄を併せた。同五年には関ヶ原の戦いで豊臣方の大聖寺城主を攻め、家康から加賀国能美《のみ》郡（白山《はくさん》麓を除く）八万石、石川郡松任四万石、江沼郡七万石および能登国鹿島（長連龍《ちょうつらたつ》★の半郡を除く）・羽咋両郡を与えられ、加賀・能登・越中三カ国に百十九万石を領有する加賀藩の領主となった。同十年六月には封を幼い弟の利光《としみつ》（利常《としつね》）に譲り、隠居地として越中国新川郡二十二万石を得て富山城に移り住んだ。

長連龍が信長から与えられた能登国鹿島郡の半分三万二千石は、寛文十一年（一六七一）に加賀藩領になった。一方、加賀国の白山麓十八カ村は、白山頂上の支配をめぐる白山論争が再燃したため、寛文八年に幕府領となった。利長の従弟である土方雄久《ひじかたかつひさ》が支配した能登国の土方領一万石は、その大部分がのちに幕府領となり、加賀藩預かり地を経て、幕末期に加賀藩領となった。このほか、加賀藩は近江国（滋賀県）の海津《かいづ》におよそ二千石を領有していた。

加賀藩には「殿様九人」という言葉があった。これは藩主前田家と「八家」の本多・長・横山・前田（直之系）・前田（長種系）・奥村（本家）・奥村（分家）・村井家を指していた。家臣には八家を含め一万石を超える者が一二人おり、それぞ

▼長連龍
加賀藩の老臣長氏の家祖。能登国鹿島郡の土豪であり、織田信長の北陸平定を助けて鹿島半郡三万一千石を得た。慶長五年の大聖寺合戦に従い、帰路浅井畷で小松の丹羽軍に追撃されて多数の家来を失った。戦後加賀国に一千石の地を加増されて三万二千石となった。

れ多くの家来を抱えていた。金沢城下には、家臣が居住する屋敷地があり、藩の政務は年寄・家老・若年寄によって金沢城の御用部屋で行われた。年寄は政務の最高職で、一万石以上の八家から任用された。家老は人持の三千石以上の藩士から選ばれ、年寄を助け、江戸藩邸の職務を遂行した。若年寄は人持の三千石以下の藩士から選ばれ、家老の意見を藩主に上申したり、藩主の考えを年寄・家老に伝えたりした。人持の下には平士があり、その下にも様々な階層があった。

関ヶ原の戦い後、前田家は元和元年（一六一五）の一国一城令で大聖寺城が廃されるまで、城代（のち郡奉行）を派遣して山口宗永《やまぐちむねなが》の旧領江沼郡を支配した。城代は太田長知《おおたながちか》以下、小塚権太夫・横山長秀《よこやまながひで》・近藤長広・津田重久などに受け継がれたものの、初代太田長知は慶長七年（一六〇二）に横山長知らにより金沢城内で暗殺された。江沼郡は関ヶ原の戦から寛永十六年（一六三九）末に前田利治が大聖寺藩祖となるまで約四十年間を加賀藩の歴史に含められた。この間にあって、最も注目された事業は市之瀬用水の着工であろう。郡奉行吉田伊織は同二年に用水工事を久世徳左衛門に命じ、別所村近くの大聖寺川から水を取り入れて山代新村まで引くことに成功した。このとき、三代利常は山代神明宮（現市之瀬神社）を鎮守とし、社地・神領を寄進するとともに徳左衛門を神官に任命した。久世氏は、宝暦六年（一七五六）に武田氏に受け継がれるまで山代新村近くにあった山代神明宮の神官を代々務めた。大聖寺藩主二代利明の治世、家老神谷内膳が延長工事を行い、寛文五年（一六六五）に動橋川に至る全線が完成した。

ここで、百万石大名の台所事情を簡単にみておこう。加賀藩の百二万石は、薩摩藩七十万石、仙台藩六十万石と比べても、とびぬけて大きかった。しかも、表向きは百二万石といわれるが、実際は正徳元年（一七一一）頃には百三十万石にもなっていた。家臣などの扶持米は約八十万石であり、五十万石が残った。これを仮に五公五民とすれば、二十五〜二十六万石が藩に入り、このうち十万石余りが大坂に廻されて貨幣に替えられた。

初代利家以来の莫大な貯蔵銀（九億八〇〇〇貫と伝えられる）があり、さらに改作法による年貢米や小物成銀、塩の代銀などの収入が確保されたので、藩の財力がいかに膨大であったかが推測されるだろう。

［十八世紀初頭の歳入・歳出］

〈歳入〉　年貢米　二十五万千七十七石　貯蓄米　六万石
〈歳出〉　扶持米　七万七千七十九石　塩手数料　一万五千四百五十二石
　　　　　江戸廻米　十万七千九十石　その他　七万七千六百九十三石
〈残高〉　歳入三十一万千七十七石—歳出二十七万七千三百十四石＝三万三千七百六十三石

しかし、財政は長く安定していたわけではない。五代綱紀は元禄十五年（一七〇二）に江戸藩邸に豪華な建物を建て、将軍・老中ら五〇〇人を数十回にわたって祝宴に招いた。また、綱紀は従者四〇〇〇人を伴い、現在の金額に換算して一回に五〜六億円を使った贅沢な参勤交代を三〇回も行った。このため、綱紀の晩年には、利家以来の貯蔵銀もほとんど底をつき、年貢の収入だけでは財政をまかないきれなくなった。そして、藩の財政は六代吉徳の享保七年（一七二二）頃から赤字となり、明治期まで回復することがなかった。

分藩の事情

先に述べたように、加賀藩初代★前田利家は、尾張国の土豪であった前田利春の四男で、織田信長に仕え能登国を支配する大名となった。利家は、豊臣政権下では五大老の一人として活躍し、加賀・越中両国に領地を拡大した。利家の嫡男で芳春院《ほうしゅんいん》（まつ）との間に生まれた二代利長《としなが》は、秀吉の死後、関ヶ原の戦いで徳川方に味方し、家康から新たに加賀国の能美郡八万石・石川郡松任四万石・江沼郡七万石および能登国の一部を加増され、加越能三カ国に百十九万石を領有する大大名となった。これ以降、のちに大聖寺★藩が置かれることになる江沼郡・能美郡は、加賀藩領として大聖寺城代や郡奉行により統治された。

▼初代
前田利家が七尾城主になった時点で加賀藩が成立した解し、前田利家を藩祖とする説と、徳川氏に従属した前田利長を藩祖とする説がある。

▼大聖寺
大聖寺の地名は、白山寺（白山比咩神社）を本寺とする「白山五院」の一つ大聖寺が錦城山続きの荻生山にあったことに由来する。加賀藩は江戸中期に寺院の大聖寺と区別するため「大正持」の文字も使用するように命じたものの、あまり守られなかった。

三代利常《としつね》は、初代利家の四男であり、慶長六年（一六〇一）に二代将軍徳川秀忠の二女・珠姫《たまひめ》を正室《せいしつ》に迎え、同十年六月に加賀藩の安泰を考えた二代利長から十三歳という若さで藩主の座を譲り受けた。すでに徳川の天下はほぼ揺るぎないものとなった時代に、三代利常は家臣の対立に対処しつつ四十八歳（四十六歳・四十七歳説もある）で小松に隠居するまで藩主の地位にあった。三代利常は、寛永九年（一六三二）の二代将軍徳川秀忠の死去以前から自らの隠居および領地の分与を幕府に何度も願い出ており、同十六年六月二十日に至って許可された。すなわち、三代利常は越中新川郡に養老領二十二万石を得て自ら小松に隠居するとともに、加賀藩八十万石を長男光高《みつたか》に、富山藩十万石を二男利次《としつぐ》に、大聖寺藩七万石を三男利治《としはる》にそれぞれ分封し、三藩分立の統治を行った。ここに加賀藩百二万石の大聖寺支藩七万石が成立し、三男利治が藩祖となった。富山・大聖寺両藩は、将軍から領知を認められたことを示す領知朱印状《りょうちしゅいんじょう》を与えられた別朱印支藩《べつしゅいん》★であり、領知朱印状を与えられない内分支藩《ないぶん》★に比べて自立性・独立性が高かったといわれている。なお、加賀藩の支藩には富山・大聖寺両藩のほか、藩祖利家の五男利孝《としたか》が元和二年（一六一六）に幕府から上野国（群馬県）甘楽《かんら》郡の一万石を拝領した七日市《なぬかいち》藩がある。

このように、三代利常は寛永十六年に富山・大聖寺両支藩を分立したものの、その理由はわからない。『微妙公御夜話《みみょうこうおんやわ》★』によれば、三代将軍徳川家光は三代利

前田利治肖像画
（那谷寺蔵）

▼別朱印支藩
加賀藩とは別に領知朱印状を拝領する分家大名のこと。

▼内分支藩
将軍から領知朱印状を拝領せずに幕府へ出仕する分家大名のこと。

▼微妙公御夜話
享保期（一七一六〜三五）に加賀藩主三代前田利常の談話を記したもの。著者不明。

常の小松隠居を延期し、分知高を二男利次が五万石、三男利治が二万石とする旨を通達したが、三代利常の強い意志に押されて、彼の原案を許可したという。全国の諸大名の事例から支藩の創設を考察した歴史学者の野口朋隆氏によると、大名家（本藩）が分家（支藩）をつくる契機は、血統・家の維持、重臣対策、庶兄対策、幕府への出仕、本家の名代・後見など様々である。加賀藩前田家については、諸説あるものの、従来は最大の外様大名として幕府に対する外見上の勢力分散という見解が一般であり、歴史学者の坂井誠一氏はこの見解に「農政大改革の改作法を円滑に実施するため」とする理由を加えている。しかし、近年では、支藩の創設が加賀藩の弱体化につながるわけではなく、三代利常の二男利次や三男利治が将軍家の血筋を引くことを考えると当然の措置であるという見解もある。支藩創設の目的は、何か一つに特定できるものではないが、その主な目的は血統・家の維持および勢力分散の見せかけと、大聖寺藩の場合は隣接する福井藩に対する備えにあったのだろうと筆者は考えている。

また、三代利常の要望に難色を示していた幕府が、支藩の創設を認めた理由もはっきりとしない。江戸中期には、他藩でも分家の創出が盛んに行われて、後世と比較して必ずしも嫡出長子が家督を相続することがなかったため、各大名の事情に応じて幕府が支藩の創設を認めることが多かったという。しかし、幕府は三代利常の隠居を延引し、分与高を二男利次五万石、三男利治二万石に減少すべきとしてなかなか許可しなかった。それでも最終的に幕府が分与を許可した背景には、三代利常の長男光高の正室・大姫《おおひめ》（三代将軍家光の養女）も将軍家から迎えているように、前田家と徳川家が姻戚関係にあったことがあると思われる。あるいは、歴史学者の山本博文氏が述べられるように、徳川家が前田家に気をつかっていた結果なのかもしれない。いずれにしても、後述の改作法の実施にみられるように、分立後も大聖寺藩が加賀藩の一部であるという三代利常の意識は強く、富山藩十万石、大聖寺藩七万石も少々分与し過ぎたという後悔もあったようである。

藩祖利治

藩祖利治は、元和四年（一六一八）八月に三代利常三男として金沢で出生し、寛永十六年（一六三九）六月に加賀藩の三藩分立に伴い大聖寺藩祖として襲封した。母は二代将軍秀忠の二女珠姫（正室天徳院《てんとくいん》）。幼名は宮松・宮松丸、のち大学と改称。初御目見★は同十一年十二月十五日。初入部★は同十六年十二月十日頃。母の天徳院は、元和五年四月に無事の誕生を祝って江沼郡の敷地天神社に御神宝の「蒔《まき》絵角赤手筥《えすみあかてばこ》」（国指定文化財）や小袖、御初尾と御神楽代を利治の幼名「宮松」で寄進している。利治は元服した寛永十一年十二月に従四位下の官位をもらい、飛驒守を称するとともに、「松平」を名乗ることを許可された。この「松平」姓の

蒔絵角赤手筥
（菅生石部神社蔵）

▼初御目見
初めて藩主が江戸幕府の将軍に謁見すること。

▼初入部
初めて藩主が国元に帰ること。

使用許可は、慶長六年（一六〇一）九月に父の利常と母の珠姫が結婚して前田家と徳川家との間に姻戚関係が成立したためであり、すでに利常（のち加賀藩主三代）は同十年四月に、その二男の利次（のち富山藩祖）は寛永八年（一六三一）十二月に許可されていた。「松平」姓は、最後の藩主である十四代利鬯《としか》が明治元年（一八六八）に「前田」姓に戻すまで使用されたが、本書では「前田」姓に統一して話を進める。

藩祖利治は、入国した翌年に大聖寺城下で地震があり、町屋や建築中の武家屋敷がほとんど倒壊し多数の死者がでたため、数年間、家老宅で生活しながら治世に当たったという。利治は父利常の政治方針に従い、加賀藩から引き継いだ九谷《くたに》金山・熊坂《くまさか》金山、曽宇《そう》銀山などの鉱山開発を積極的に行い、九谷焼や山中塗（山中漆器）などの産業振興も図った。利治は父ゆずりの厳格な性格で、承応元年（一六五二）に盗賊をはたらいた足軽九人を火刑に処した際、彼らの目の前でその子息らの首を打ったといわれている。また、利治は遠州流の茶道や書画を嗜む文化人でもあった。利治は同三年九月に米沢藩主上杉定勝の長女徳と結婚したものの、実子はなく、万治二年（一六五九）に弟の利明《としあき》（二代大聖寺藩主）を養子に迎えている。なお、上杉定勝の二女虎は佐賀藩主二代鍋島光茂の正室、三女亀は大聖寺藩主二代前田利明の正室である。

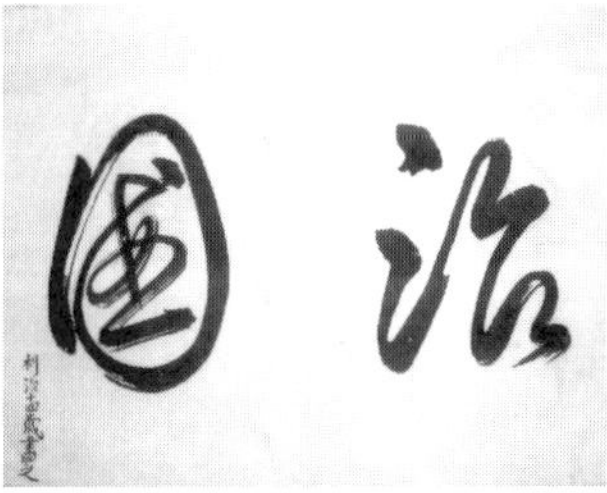

前田利治14歳の書
（江沼神社蔵）

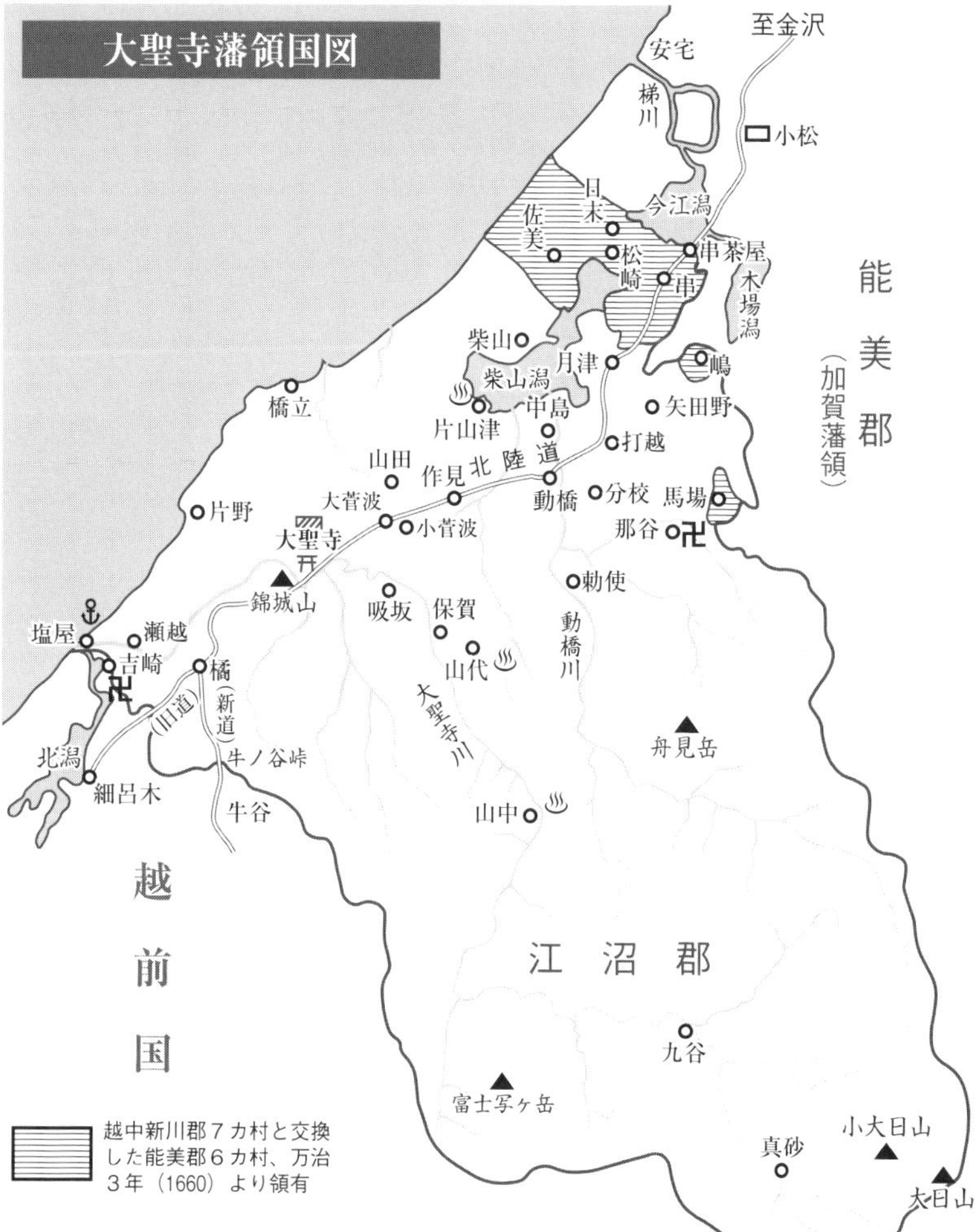

大聖寺藩領国図
至金沢
安宅
梯川
小松
今江潟
日末
佐美
松崎
串茶屋
串
木場潟
能美郡（加賀藩領）
柴山
柴山潟
月津
嶋
橋立
片山津
中島
矢田野
打越
山田
作見
北陸道
大菅波
動橋
分校
馬場
片野
小菅波
大聖寺
那谷
錦城山
勅使
吸坂
保賀
動橋川
塩屋
瀬越
吉崎
橋
山代
（新道）
（旧道）
大聖寺川
舟見岳
北潟
牛ノ谷峠
細呂木
牛谷
山中
越前国
江沼郡
九谷
富士写ヶ岳
越中新川郡７カ村と交換した能美郡６カ村、万治３年（1660）より領有
小大日山
真砂
大日山

新潟県
富山県
石川県
長野県
岐阜県
福井県

能登
越後
越中
加賀
飛騨
信濃
越前
美濃

利治の領地

藩祖利治が得た七万石とは、江沼郡一三三カ村分六万五千七百三十一石五斗九升と、越中国新川郡七カ村分四千三百二十二石余の合計であり、江沼郡のなかでも那谷村は利常の養老領（隠居領）として除外され、利常の死後に大聖寺藩領となった。二代利明は、万治《まんじ》三年（一六六〇）八月に新川郡七カ村（目川《めがわ》・吉原・上《うわ》野《の》・入善・八幡・道市《どいち》・青木＝四千三百二十二石余）と能美郡六カ村（馬場・嶋・串・日末・松崎・佐美＝四千三百二石余）とを交換した。つまり、大聖寺藩領は、江沼郡全域のほかに能美郡六カ村を加えたものとなった。六カ村はのちに嶋から蓑輪《みのわ》、串から串出・串茶屋、松崎から村松、佐美から浜佐美が分村して一一カ村となるが、藩領域には変動がなかった。

新川郡七カ村については、『越登賀三州志』に「新川郡之内四千石余。此村数、目川・吉原・上野・入膳・八幡・道市・青木・椚山新・君島の九村也」と記し、『大聖寺藩史』や『加賀市史・通史編上巻』なども新川郡九カ村説を踏襲している。しかし、九カ村中の椚山新と君島は、正保三年（一六四六）の『加能越三箇国高付帳』に記すように加賀藩領であり、新川郡内の村数は七カ村である。

利治の家臣団

藩祖利治が大聖寺に初入部した寛永十六年（一六三九）には、加賀藩より一〇六人の知行取家臣《ちぎょうどり》（給人《きゅうにん》★）が随行し、その知行地は七万石のうち四万四千七百六十七石（六四パーセント）にもなった。最高禄は家老玉井貞直《たまのいさだなお》の四千石で、千石以上の家臣は三千石の織田左近・神谷守政《かみやもりまさ》・才監物《さいけんもつ》、二千石の山崎庄兵衛など家老六人を含めて九人もおり、このほか徒士・足軽・小者などを含めると従者は数百人に及んだであろう。このときの家臣団は、前田利家に仕えた荒子衆・府中衆系統の者や織田信長・柴田勝家の家臣団だった者、加越能三カ国に知行地を持つ者などで構成されていたといわれる。ちなみに、富山藩祖利次が初入部した同十六年には、最高禄高八千六百三十石の富田右衛門尉をはじめ、千石以上の重臣一六人を含む家臣二二二人が金沢より随行した。

藩祖利治は承応二年（一六五三）に財政難のため、玉井貞直をはじめ家老四人を含む家臣二四人を金沢へ返還し、知行高一万五千石分を藩へ戻した。その後、四代利章も正徳三年（一七一三）から財政難のため、数度にわたって家臣数十人を金沢へ返還し、知行高数千石分を藩へ戻した。このように、当初家臣に与えた過大な知行地は、財政難の大きな要因の一つになっており、それを制約する必要

▼給人
領主から知行地を与えられた家臣。

があったのである。一方、加賀藩は家臣団統制の一環として、支藩を家臣として位置付けていく必要があり、支藩に対する財政援助とともに家臣の返還を行ったのである。なお、大聖寺藩は、藩祖利治の治世から藩士の相続時に減知を実施し、一般減知制や養子減知制など加賀藩では実行されなかった減知も行わざるを得なかった。こうした知行高は、寛永十九年（一六四二）に六万六百六十石余（給人一九六人）、正保三年（一六四六）に五万八千八百七十石余（同二〇七人）、承応元年（一六五二）に六万千二百十三石余（同二三三人）、改作法が成就した寛文二年（一六六二）に四万七千百三十八石余（給人二一五人、与力七人）、延宝二年（一六七四）に四万四千四百六十一石余（給人二一九人）と推移し、江戸後期には減少し、天明二年（一七八二）頃に三万五千四百三十四石余（給人二七二人）、天保十五年（一八四四）に二万九千九百九十七石余（給人二七八人）となった。

灰塚論争

藩祖利治は、治世二十二年の万治三年（一六六〇）四月二十一日に江戸にて四三歳で死去した。この利治の死去に関し、遺骸で大聖寺へ運ばれたか、遺骨で運ばれたかという論議があり、古くから「灰塚《はいづか》★論争」と呼ばれている。『大聖寺藩史』では、本編で「遺骸説」がとられているが、本編完成後に付記された補正で

▼灰塚
藩祖利治を火葬し、その遺骨を仮安置した塚。

藩祖利治の灰塚（加賀市大聖寺岡町）

「遺骨説」に訂正されている。遺骨説の根拠とされているのは「山内手記★」（山内半蔵の記録）であるが、この資料は残念ながら現存しない。一方、遺骸説の根拠とされている天明四年（一七八四）の『秘要雑集《ひようざつしゅう》★』には、利治が遺骸で大聖寺へ運ばれ、城下の端にあった岡村の宗英寺《そうえいじ》（筆頭家老玉井貞直の菩提寺）で葬式が執行されたと記されている。筆者は、加賀・富山・大聖寺の前田三藩をはじめ諸藩の藩主が江戸で死去した場合、すべて遺骸で国元へ運ばれていることから、間違いなく利治も遺骸で大聖寺へ運ばれたと考えている。

なお、利治が死去したとき、大聖寺藩前田家には菩提寺がなく、実性院《じっしょういん》（現在の大聖寺の「山ノ下寺院群」の一つ）が菩提寺となるまで、遺骸を火葬した灰塚に遺骨が仮安置されていた。現在では、この灰塚の大きさは約三分の一になり、四十年前まで残っていた十四代利鬯の設置による石柵も確認することはできない。実性院の利治の墓は、歴代藩主のなかでもひときわ大きく、今でも殉死《じゅんし》した側近の中沢久兵衛（四百石、三十五歳）・小沢三郎兵衛（百五十石、四十九歳）・小栗権三郎（七十石、二十二歳）の墓に護られるように建っている。

歴代藩主の事蹟

大聖寺藩の二百三十二年間は、藩祖利治から十四代利鬯の歴代藩主により統治

▼山内手記
江戸後期に江戸千駄木の下屋敷の土蔵にあった日記を藩士の山内半蔵が手記したもの。

▼秘要雑集
天明四年（一七八四）頃に書かれた大聖寺藩に関する旧記旧聞を蒐集したもの。著者不明。

藩祖利治の墓（実性院）

されることになる。ここで簡単に、二代利明以降の藩主の経歴・事蹟などを紹介しておこう。

【二代利明《としあき》】

寛永十四年（一六三七）十二月に加賀藩主三代前田利常の五男として金沢で生まれ、万治三年（一六六〇）七月に藩祖利治の死去に伴い二代藩主となる。母は加賀藩士の長氏（側室南嶺院）。幼名は萬吉・萬吉丸、のち美濃・大蔵と改称。官位は従四位下。初御目見は同二年五月二十六日。初入部は寛文二年（一六六二）六月二十八日。藩祖利治の後をうけて九谷焼や山中漆器を大成させるとともに、市ノ瀬用水の延長工事、新川の開鑿、矢田野用水の工事、片野大池の掘抜工事をはじめ、竜骨車《りゅうこつしゃ》の導入、紙屋谷紙漉の創設、山代御藪の創設、大土村領へ樫の植栽、時鐘の鋳造、大砲の鋳造などを行った。大聖寺藩の基礎は、藩祖利治と二代利明によって成立した。万治三年八月には、新川郡七カ村（四三二二石余）と能美郡六カ村（四千三百二石余）とを交換した。元禄五年（一六九二）五月に五十六歳をもって江戸で死去し、法号を大機院と称した。

【三代利直《としなお》】

寛文十二年（一六七二）六月に二代利明の三男として江戸で生まれ、元禄五年（一六九二）七月に二代利明の死去に伴い三代藩主となる。母は白河藩士の本多氏（慈眼院）。幼名は大学、のち内記《ないき》と改称。官位は従四位下。初御目見は天和四年（一六八四）二月十日。初入部は宝永元年（一七〇四）六月二十三日。元禄五年七月に弟利昌《としまさ》（采女《うねめ》）に新田一万石を分与したことから大聖寺新田藩が成立した。大聖寺藩邸は陣屋で城郭がなく、私に城郭の建設を幕府に願い出たものの、本藩の加賀藩から出願したものではなく許可されなかった。同四年八月から宝永六年（一七〇九）一月まで幕府の奥詰★を務めており、元禄七年には日光東照宮の代参★を行い、同十年には桂昌院《けいしょういん》（五代将軍徳川綱吉の母）の御前で猿楽の小鍛冶を演じている。この間、元禄八年には徳川綱吉が発した生類憐みの令もあって、公儀普請として江戸の西中野に牝犬八万二〇〇〇匹を収容する犬小屋数棟を建設した。藩政を顧みなかったため、創設以来の名門である家老の神谷内膳守応《もりまさ》と、新鋭家老の村井主殿《とのも》との抗争が起こり、藩政が大混乱となった。こうした抗争中に、村

▼奥詰
元禄二年（一六八九）から宝永六年（一七〇九）まで江戸城中奥にあった「山水の間」に詰め、五代将軍徳川綱吉に側近した大名五四人のこと。

▼日光東照宮の代参
将軍社参が行われないときに、大名や高家が参詣すること。

大聖寺前田氏略系図

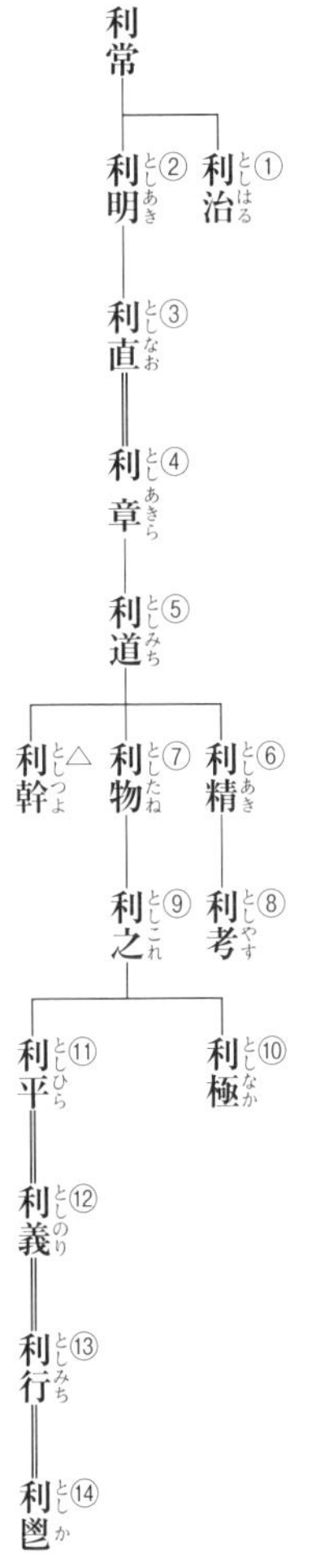

※藩主上の番号は世襲の順序を、＝は加賀藩からの養子を、△は富山藩主になったことを示す。

井主殿は責任者として藩邸の露地に天満社（現江沼神社）や現在国指定文化財の長流亭（川端御亭）を建造した。宝永七年十二月に三十九歳をもって江戸で死去し、法号を円通院と称した。

【四代利章《としあきら》】

元禄四年（一六九一）三月に加賀藩主五代綱紀の五男として金沢で生まれ、正徳元年（一七一一）正月に三代利直の死去に伴い四代藩主となる。母は加賀藩士の津田氏（側室保壽院）。幼名は富五郎、のち富丸・造酒丞《みきのじょう》と改称。官位は従四位下。初御目見は宝永五年（一七〇八）三月二十八日。初入部は正徳二年（一七一二）二月十五日。鷹狩りや遊芸を好み、財政逼迫にも何の配慮もしなかったため、同年八月に正徳の大一揆が起こった。また藩財政が一層窮迫したため、同三年から数度にわたって利章に随伴した家臣や足軽・小者などを加賀藩へ返還した。藩邸が狭少であったため、五代綱紀に藩邸改造の資金援助を願い出たものの許可されず、加賀藩の老臣奥村有輝《おくむらありてる》から苦言を受けた。元禄六年と宝永四年の大火を教訓として、享保三年（一七一八）に城下の消防組織を整備したものの、同十四年の大火では家屋四〇〇戸を焼失した。なお、利章が寵愛した野口兵部《のぐちひょうぶ》は正徳五年から享保十八年までの十八年間に、百七十石から千石の家老になり、利章一代を通じて権勢を誇った。金沢で利章の側小姓を務めた兵部の昇進は他に類をみないものであり、藩内に驚きと嫉妬をもって迎えられた。元文二年（一七三七）九月に四十七歳をもって大聖寺で死去し、法号を正智院と称した。

【五代利道《としみち》】

享保十八年（一七三三）四月に四代利章の長男として江戸で生まれ、元文二年（一七三七）十月に四代利章の死去に伴い五代藩主となる。母は大聖寺藩士の内藤氏（側室桂林院）。幼名は造酒丞。官位は従四位下。初御目見は延享二年（一七四五）二月二十六日。初入部は寛延二年（一七四九）五月二十七日。五代利道の襲封は五歳であったので、成人になるまで加賀藩から政務監督として横目（監視役）が派遣された。度重なる在府・国元の大火や公儀普請による二度の三州吉田橋の修築などにより財政を逼迫させ、その費用を加賀藩の援助をはじめ、家臣の半知借上や北前船主・町人・農民らの御用金に求めた。宝暦二年（一七五二）吉田橋修築の一度目の工事では、翌年に手抜き工事が発覚して再工事となったため、総奉行を務めた野口兵部が減知百五十石と隠居を、山崎権丞が隠居を、稲垣與右衛門が減知七十石と隠居を加賀藩主十代重教《しげみち》から命じられた。二度目の架橋工事は一色五左衛門が総奉行となり、同四年に完成した。同八年の大火では家屋二〇〇戸を、同十年の大火は城下の半数に近い家屋一二五二戸を焼失した。天明元年（一七八一）正月に四十九歳をもって江戸で死去し、法号を顕照院と称した。なお、利道の二男利精《としあき》は六代大聖寺藩主に、三男利物《としたね》は七代同藩主に、六男利以《としもち》は九代七日市藩主に、八男利幹《としつよ》は九代富山藩主に、二女正は加賀藩主十一代治脩《はるなが》の室になった。

【六代利精《としあき》】

宝暦八年（一七五八）十一月に五代利道の二男として大聖寺で生まれ、安永七年（一七七八）五月に五代利道の隠居に伴い六代藩主となる。母は加賀藩士の加藤氏（円成院）。幼名は勇之助、のち造酒丞と改称。官位は従五位下。初御目見は同四年十一月十五日。初入部は同八年十一月十一日。父利道の喪中も遊楽にふけり藩政を顧みず、加賀藩主十一代治脩《はるなが》の戒告にも耳を傾けなかったため、天明二年（一七八二）五月に同十代重教《しげみち》と十一代治脩によって廃位された。大聖寺藩邸の縮所《しまりしょ》★で三年余、金沢城下で五年の幽閉を経て寛政三年（一七九一）五月に大聖寺藩邸へ戻された。同年九月に三十四歳で死去し、法号を高源院と称した。

▼縮所
座敷牢ではなく、表居室に脱出防止柵を施したもの。

【七代利物《としたね》】

宝暦十年（一七六〇）正月に五代利道の三男として大聖寺で生まれ、天明二年（一七八二）八月に六代利精の隠居に伴い七代藩主となる。母は加賀藩士の加藤氏（円成院）。幼名は虎次郎、のち主水と改称。官位は従五位下。初御目見は同年十月一日。初入部は同四年五月十一日。世継候補には六代利精の弟主水（二十三歳）・主計（十七歳）・大学（十五歳）の三人があり、加賀藩が御用人の意見を参考に主水に決定した。天明六年十二月に「米札《べいさつ》」と称して藩札（銭札）を発行したものの、あまり通用しなかった。同八年九月に二十九歳をもって江戸で死去し、法号を覚成院と称した。

【八代利考《としやす》】

安永八年（一七七九）正月に六代利精の長男として江戸で生まれ、天明八年（一七八八）十月に七代利物の死去に伴い八代藩主となる。母は大聖寺藩士の西嶋氏（側室敬大院）。幼名は勇之助。官位は従四位下。初御目見は寛政四年（一七九二）九月二十五日。初入部は同五年五月十三日。学問を好み、武芸に励み、常に倹約に努め、自ら藩士を輔導し、同六年には浄土真宗新寺の東本願寺派十一カ寺と西本願寺派二カ寺にも領内のみの宗判権《そうはんけん》★（寺号公称権）を公認し、同十一年には米札の通用を停止して銭手形★と改称した。翌年三月には大聖寺城下を小路に至るまで馬上より視察し、次に領内の村々や史跡・大日山などの山々を巡見するとともに、文化二年（一八〇五）には民意を知るため藩邸前に諫箱《いさめばこ》（目安箱）を設けた。同年十二月に二十七歳をもって江戸で死去し、法号を峻徳院と称した。

▼宗判権
寺請証文に押印する権限のことで、これを有した寺院を宗判権寺院（寺号公称寺院）と称した。

▼銭手形
米札（銭札）のことで、江戸末期には五貫文・一貫文・五百文・三百文・二百文・百文・五十文・二十文・十文の銭札があった。

【九代利之《としこれ》】

天明五年（一七八五）十月に七代利物の長男として大聖寺で生まれ、文化三年（一八〇六）三月に八代利考の死去に伴い九代藩主となる。母は大聖寺藩士の前田氏（梅芳院）。幼名は虎次郎、のち主水と改称。官位は従四位下。初御目見は同三年四月二十三日。初入部は同三年五月十八日。書や読書を好み、とくに和漢の史書を侍臣から聞き、学問の修得に努め、天保初年に家老佐分政長《さぶりまさなが》などに総合地誌『加賀江沼志稿』の編纂を命じた。文政四年（一八二一）には加賀藩主十二代斉広《なりなが》の請願により十万石の高直しを実行し、さらに財政を逼迫させた。つまり、利之は彼以前の藩主らの強い要望でもあった十万石の高直しを実施したものの、当然、参勤交代や公儀普請などは十万石として行わなければならなくなった。天保七年（一八三六）十二月に五十二歳をもって大聖寺で死去し、法号を篤含院と称した。

【十代利極《としなか》】

文化九年（一八一二）十月に九代利之の二男として江戸で生まれ、天保八年（一八三八）二月に九代利之の死去に伴い十代藩主となる。母は金沢鍛冶八幡社の神主厚見氏（智泉院）。幼名は鍛太郎。官位は従四位下。初御目見は文政十二年（一八二九）十一月十五日。初入部は同九年閏四月九日。治世二年で早世したため、目立った事績はみられない。同九年九月に二十七歳をもって大聖寺で死去し、法号を恭正院と称した。

【十一代利平《としひら》】

文政六年（一八二三）十二月に九代利之の六男として大聖寺で生まれ、天保九年（一八三八）十二月に十代利極の死去に伴い十一代藩主となる。母は大聖寺藩士の小原氏（蓮静院）。幼名は鉦七郎。官位は従四位下。初御目見は同年十二月十五日。初入部は同十年十月十四日。翌年から加賀藩に準じた天保改革を実施し、質素倹約と窮民の救済などを行う一方、高十万石の格式を辞退しようとしたが成功しなかった。なお、加賀藩の天保改革は、売却・質入地の返還、徳政令の発布、都市商人の株立の廃止、農村での商業の禁止など重商主義への復古を目指す経済改革であった。同十一年に藩邸の書院を学問所と称する一方、同時期に塩屋・橋立・日末の御台場を整備するなど軍制改革にも努めた。嘉永二年（一八四九）七月に二十七歳をもって大聖寺で死去し、法号を見龍院と称した。

【十二代利義《としのり》】

天保四年（一八三三）二月に加賀藩主十三代斉泰《なりやす》の三男として金沢で生まれ、嘉永二年（一八四九）八月に十代利平の死去に伴い十二代藩主となる。母は加賀藩士の久世氏（側室馨袖院）。幼名は基五郎。官位は従四位下。初御目見は同年十二月一日。初入部は同三年五月三日。同五年に金沢で大砲を鋳造し、塩屋・橋立・日末御台場に配置した。安政元年（一八五四）十一月に書院の学問所を改め、新たに一館を修造して時習館と命名した。同二年四月に二十三歳をもって江戸で死去し、法号を諦嶽院と称した。

【十三代利行《としみち》】

天保六年（一八三五）七月に加賀藩主十三代斉泰の五男として金沢で生まれ、安政二年（一八五五）七月に十二代利義の死去に伴い十三代藩主となる。母は加賀藩士の久世氏（側室馨袖院）。幼名は豊之丞。同年七月十二日に襲封を許可されることになっていたが、許可の日を待たずに五月十八日に病死してしまい、その死去を極秘に付し、襲封受命の当日には富山藩主十二代前田利声《としかた》と七日市藩主十一代前田利豁《としあきら》を代理として出席させ、老中久世広周《ひろちか》から十万石継承を申し渡された。十三代斉泰は大聖寺藩の重臣と何度も交渉を行い、同母弟の桃之助に継がせるべく幕府に願い出た。幕府は十三代利行が大切な襲封の儀式にも出席せず、参勤も一度もしないで隠居するのは怪しいと疑ったが、外様大名ながら前田家と将軍家は姻戚関係が深く、十三代斉泰夫人は将軍十一代徳川家斉の娘であったことから十三代斉泰の願いが認められ、十三代利行は隠居、桃之助が十月二十九日に跡を継いで十四代利鬯《としか》となった。利行の遺骸は十二月十六日に金沢藩邸を立ち、十八日に大聖寺藩邸に着き、翌日に菩提寺の実性院で密葬され、法号を懿香院と称した。このように、十三代利行は名目上の藩主であるが、実に一日も統治したことのない珍しい藩主である。

【十四代利鬯《としか》】

天保十二年（一八四一）六月に加賀藩主十三代斉泰の七男として金沢で生まれ、安政二年（一八五五）十月に十三代利行の死去に伴い十四代藩主となる。母は加賀藩士の奥村氏（側室明鏡院）。幼名は桃之助。官位は従四位下。初御目見は同年十二月十二日。初入部は同三年五月十五日。詩歌や書画を好み、宝生流の能楽や藪内流の茶道に通じる文化人であり、とくに能楽ではシテ方の名手として知られる。文久二年（一八六二）に藩士から意見を求め、藩政改革（文久改革）を実施したものの、明治維新の混乱のなかで消滅した。明治二年（一八六九）三月には藩校「時習館」地内に漢学を修める達材舎《たつざいしゃ》や温知舎《おんちしゃ》、蘭学・洋学を修める薫正館《とうせいかん》、漢籍を修める啓蒙舎《けいもうしゃ》を増設し、安政四年（一八五七）には兵学舎と操練所《そうれんじょ》を設けて洋式操練（イギリス式）と士官養成に努めた。大正九年（一九二〇）七月に八十歳をもって東京小石川の邸宅で死去し、法号を法徳院と称した。

以上のように、大聖寺藩主の多くは十代後半から二十代前半に襲封し、在職期間が五年や七年と短く、兄弟や加賀藩からの養子継承が多かった。注目したいことは、二代利明・四代利章・十二代利義・十三代利行・十四代利鬯の藩主がすべて加賀藩からの養子であったことである。そのため、加賀藩に依存する気風が強くみられ、大切な家督相続にもはねかえってきた。ともあれ、重大な意思決定をするときは必ず加賀藩と協議し、加賀藩の意向を伺ってから決定したのである。

なお、加賀藩は富山・大聖寺の両支藩から一度も藩主を迎えたことがなく、支藩創設の理由の一つ「血統・家の維持」の観点からみれば、大聖寺藩は支藩としての役割を果たすことはできなかった。

大聖寺藩主一覧

藩	主	国主名	実父	生没年	享年	在職期間	在職年	法号	備考
初代	利《とし》治《はる》	飛驒守	☆利常	元和四年～万治三年	四十三	寛永十六年～万治三年	二十二	実性院	
二代	利《とし》明《あき》	飛驒守	☆利常	寛永十四年～元禄五年	五十六	万治三年～元禄五年	三十三	大機院	
三代	利《とし》直《なお》	飛驒守	利明	寛文十二年～宝永七年	三十九	元禄五年～宝永七年	十九	円通院	一万石の分封
四代	利《とし》章《あきら》	備後守	☆綱紀	元禄四年～元文二年	四十七	正徳元年～元文二年	二十七	正智院	
五代	利《とし》道《みち》	遠江守	利章	享保十八年～天明元年	四十九	元文二年～安永七年	四十二	顕照院	
六代	利《とし》精《あき》	備後守	利道	宝暦八年～寛政三年	三十四	安永七年～天明二年	五	高源院	金沢城下へ幽閉
七代	利《とし》物《たね》	美濃守	利道	宝暦十年～天明八年	二十九	天明二年～天明八年	七	覚成院	
八代	利《とし》考《やす》	飛驒守	利精	安永八年～文化二年	二十七	天明八年～文化二年	十八	峻徳院	
九代	利《とし》之《これ》	備後守	利物	天明五年～天保七年	五十二	文化三年～天保七年	三十一	篤含院	十万石の高直し
十代	利《とし》極《なか》	駿河守	利之	文化九年～天保九年	二十七	天保八年～天保九年	二	恭正院	
十一代	利《とし》平《ひら》	備後守	利之	文政六年～嘉永二年	二十七	天保九年～嘉永二年	十二	見龍院	
十二代	利《とし》義《のり》	備後守	☆斉泰	天保四年～安政二年	二十三	嘉永二年～安政二年	七	諦嶽院	
十三代	利《とし》行《みち》		☆斉泰	天保六年～安政二年	二十一	安政二年		懿香院	襲封前に病死
十四代	利《とし》鬯《か》	飛驒守	☆斉泰	天保十二年～大正九年	八十	安政二年～明治二年	十五	法徳院	

※『大聖寺藩史』『加賀市史料八』『御系譜』（加越能文庫）などにより作成。☆は加賀藩主を示す。

②藩政組織と藩内の整備

加賀藩に準じた藩政組織は、本藩に比べてかなり簡素化したものであった。御城山の麓に藩邸（陣屋）を構え、浄土真宗以外の寺院を「山ノ下」に移し、武士や商人・職人などの居住区を定めた。また、北国街道の陸運や大聖寺川・柴山潟の水運などを整備した。

藩の職制

大聖寺藩の職制は、御用所《ごようじょ》（藩政一般）や御算用場《ごさんようば》（出納・禄米の管理）をはじめ、町役所（城下町の管理）・御郡所（郡方の管理）・寺社所（寺社の管理）・吟味所（刑罰の管理）・作事所（土木工事の管理）・割場（足軽等の管理）などからなっていた。このうち御用所は藩政一般を司り、家老と御用人から組織された。家老は藩祖利治の入部時に玉井貞直・織田左近・神谷守政・才監物・山崎庄兵衛氏など七人もいたが、財政困難のため加賀藩への召還を経て、五代利道の治世からは佐分《さぶり》・生駒《いこま》・山崎・一色《いっしき》・野口・前田氏などが世襲した。また、御用人は藩士のなかから優れた者が選ばれ、藩政全般について進言した。御算用場は藩の出納や禄米などを司る役所で、御算用場奉行と勘定頭により管轄された。さらに元締役が彼らを補佐し、元締役の下に小口金銀の支払いを司る金銀小払役、借米・借銀などを司る御貸物奉行、三十人講（藩士三十人を一組とした頼母子講）を管理する三十人講奉行、銭手形（銭札）を管理する銭手形奉行、藩有林の松山を管理する松奉行、大入土蔵（金庫）を管理する大入土蔵奉行、表土蔵（金庫）を管理する表土蔵奉行、永町御蔵を管理する御蔵奉行、永町給知蔵を管理する給知蔵奉行、福田町塩蔵を管理する塩蔵奉行などが置かれていた。

このほか、藩主の身近には御側御用の御近習、藩主の侍医の御典医（御医師）、藩主の会計を司る御納戸奉行、藩主の太刀・刀・脇指や装身具などを管理する御腰物奉行、露地（庭園）を管理する御露地奉行、藩主の食事を監督する御台所奉行、藩主の手道具を監督する御手道具奉

藩の職制略図

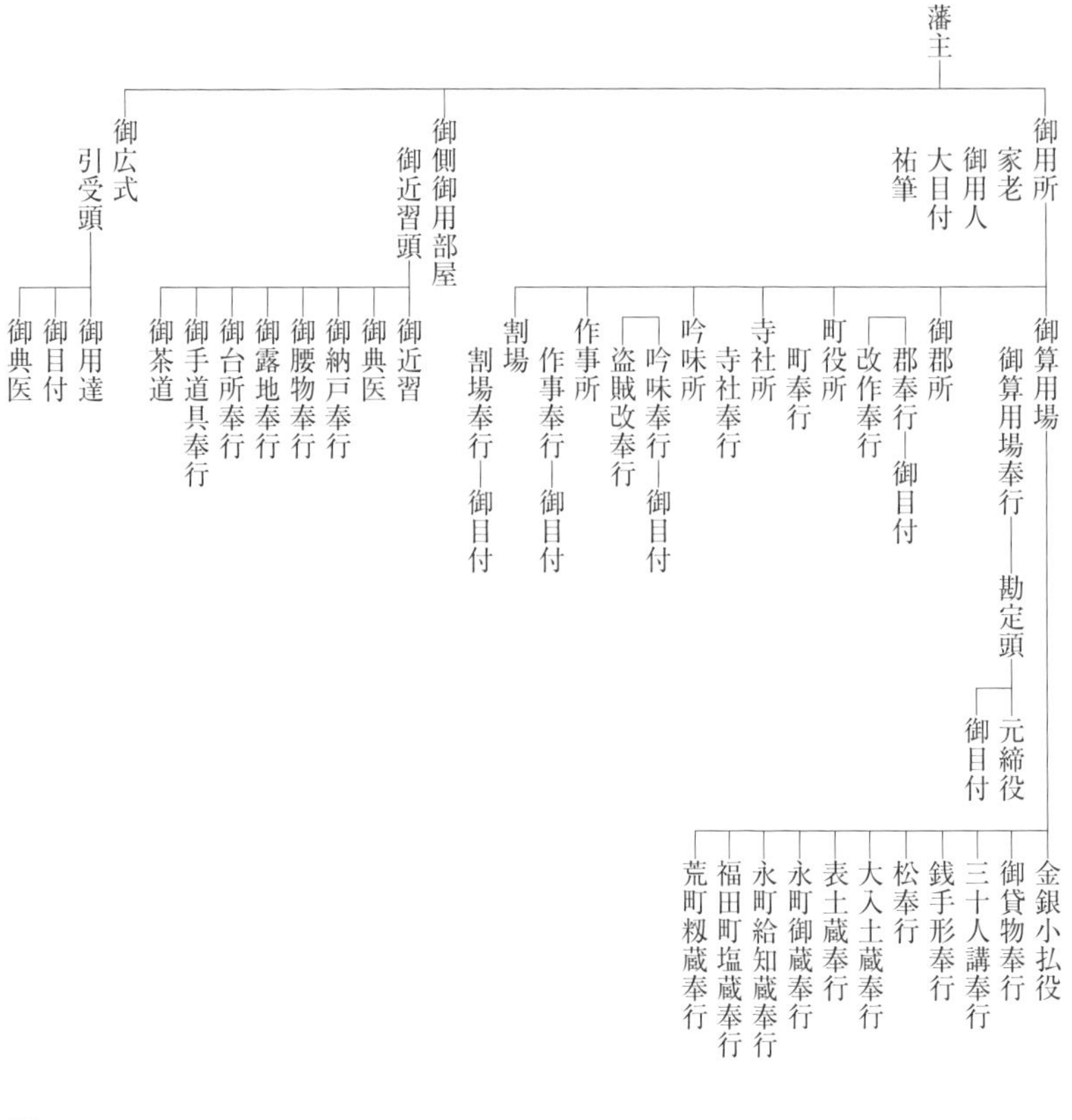

行、藩主の茶事を司る御茶堂などが、また藩主の側室が居住した御広式《おひろしき》には御用達・御目付・御典医・年寄・若年寄・老女・御近習女中・御中居女中・半下女《はんしため》などが置かれていた。なお、御典医は寛永十六年（一六三九）の侍帳にはみられないが、同十九年には不破養軒（百五十石）・矢住不寒（百石）・牧玄覚（同上）・岡部道可（同上）の四人が、延宝二年（一六七四）には伊藤道策（二百石）・不破養軒（百五十石）・矢住不寒（同上）など六人が、天保元年（一八三〇）頃には斎藤玄有（百七十石）・草鹿玄龍（百六十石）・山本玄潭《げんたん》（百二十石）など一三人がみられる。

武士の階層

大聖寺藩士の階層は、家老・人持・諸頭・平士・徒士《かち》などに分かれていた。家老は最高の地位で、その下に禄高に応じて家来をもっていた。たとえば、神谷内膳は禄高三千石を受け、その下には二百五十〜百五十石の給人が十数人もいた。人持は家老に次ぐ位で、多くの家来を抱え、諸頭は組頭《くみがしら》・物頭《ものがしら》・番頭《ばんがしら》や諸役所の奉行に就くことが多かった。藩士の大部分を占めた平士は、数組に分けられ、各組に置かれた組頭により統制された。この組には留守部隊の定番《じょうばん》馬廻組（定番組）、藩主警備部隊の馬廻組、藩主側近部隊の小姓組、予備隊の組外《くみはずれ》組などがあり、ときには他組に編入された。

徒士は侍と足軽の中間で、人数が少なく、平時には書記や計算を仕事とし、有事には指引《さしひき》（先導者）として各組に配属された。足軽は数が多く、平時には門衛・関所番や災害時の警備につき、有事には弓や銃をとって第一線に立った。小人《こびと》は小仕《こづかい》・小者《こもの》ともいい、雑役に就いた。捕手《とりて》・飛脚《ひきゃく》・長柄《ながえ》なども小人と同クラスに属し小人頭の支配下にあった。千人夫《せんにんぷ》は小人の一種で、坊主は髪を剃った足軽であり、坊主頭の支配下にあった。坊主は江戸藩邸に置かれることが多く、参勤交代時における笠籠《かさかご》・合羽籠《かっぱかご》・両掛持《りょうがけもち》★などを務めた。

城下町の整備

大聖寺城下町は、加賀藩治世前の溝口秀勝の治世（一五八三〜九八）に、現在の大聖寺本町・京町・魚町を町域として形成された。これ以前は、熊坂庄に属する村高三百十三石の小さな大聖寺村であった。

「寛永年中町家之図」によれば、本役を納めた有力町人の本町人《ほんちょうにん》が居住する本役町には、本役の町・京町・旅籠町（のち山田町）・片原町・魚町などがあり、京町の「御馬出《おんまだ》シ」（藩邸出入り口）前の両脇には、各間口一五間《けん》（約二七メートル）の越前屋の二軒をはじめ、間口四間までの町家二〇軒が並んでいた。また、地子《じし》銀《ぎん》（宅地銀）を納めた地子《じし》町人《ちょうにん》が居住する地子町には、六分役の五間町《ごけんちょう》・東町、

▼両掛持
挟箱（はさみばこ）や小形の葛籠（つづら）を棒の両端に掛け肩に担いだ人。

四分役の福田町・荒町、三分役の横町（のち鍛治町）などがあった。六分役・四分役とは伝馬役《てんまやく》（公用荷や人を運ぶ馬の費用）・町夫役《まちぶやく》（藩主使役の人夫の費用）・寄宿役《きしゅくやく》（藩主・家臣・諸大名・公家などの宿の費用）などの町並役《まちなみやく》を除く地子銀の負担率を示し、藩邸から離れるほど負担は軽くなった。

大聖寺城は元和元年（一六一五）の一国一城令で廃城となったが、藩祖利治が初入部した寛永十六年（一六三九）には大聖寺藩邸（陣屋）が造営された。大聖寺城再建が幕府に認められなかったため、大聖寺城があった古城山（錦城山）の麓に陣屋を構えるに止まったという。このため大聖寺藩は全国最大の城無し大名となった。元禄六年（一六九三）の大火以前に描かれた「大聖寺藩邸絵図」によれば、藩邸は大聖寺城があった古城山（錦城山）を背に四方を小川と堀割（御堀）で取り囲まれ、東側大手門の前には鯑川（熊坂川）、南から西にかけては堀割、北側にはカラ堀に沿って通路があり、その外側には福田川（大聖寺川）が流れていた。藩主の居住地は藩邸内の西側に位置しており、そのほか台所・土蔵・番所などがあった。

外堀の延長は北側が九〇間（約一六二メートル）、東側は長屋門を含め一二〇間（約二一六メートル）であった。南側は堀割から距離を隔てて外塀があり、その末端が西門になっていた。西側には外塀がなく、堀割から古城山までは長さ三町（約三二四メートル）・面積一万八九四六歩（六万二五二二平方メートル）の馬場が置

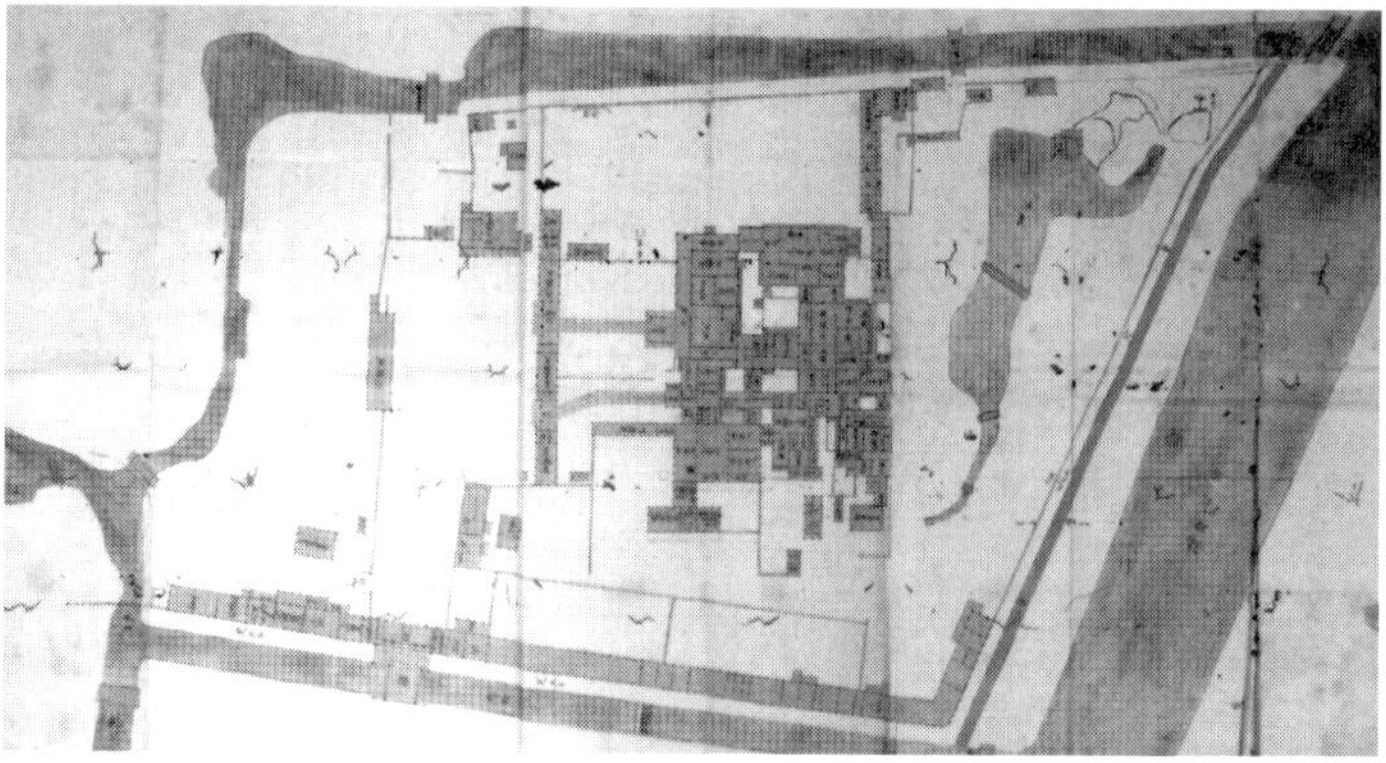

元禄六年以前の大聖寺藩邸図
（加賀市教育委員会蔵）

かれていた。大手長屋門は三間巾で、長さ一〇〇間（約一八〇メートル）以上もあり、地方の陣屋では日本最長を誇っていた。

重臣が居住したのは藩邸周辺の八間道や馬場・穴虫、川向かいの番場町で、その他の上中級の武士は仲丁《なかちょう》・鷹匠町・耳聞山など、下級武士は鉄砲町・弓町・金子・木呂場などに集住し、身分により居住区域がある程度分かれていた。ただし、大聖寺城下町は他の多くの城下町と異なり、武士と町人の混住率が高かった。その理由は、大聖寺川の氾濫をさけて、なるべく水害の及ばない高所に武士が家屋を建てたためという。その結果、武士の居住区は藩邸付近のみならず、仲丁・鷹匠町、川向かいの耳聞山などにも分散し、鉄砲町・弓町・金子・木呂場などでは下級武士が町人と混住していた。

また、寛永・正保期には、城下の整備に伴い浄土真宗以外の寺院が城下町東端の「山ノ下」に集められた。日蓮宗の宗寿寺《そうじゅじ》、法華宗の本光寺《ほんこうじ》、浄土宗の正覚寺《しょうがくじ》、曹洞宗の全昌寺《ぜんしょうじ》（山口宗永の菩提寺）などが対象となり、これらは現在、大聖寺の「山ノ下寺院群」を構成している。一方、浄土真宗の専称寺《せんしょうじ》・願成寺《がんじょうじ》・本善寺《ほんぜんじ》・慶徳寺《きょうとくじ》・豪摂寺《ごうしょうじ》・恩栄寺《おんねいじ》や浄土宗の松縁寺《しょうえんじ》などの寺院は、城下中心部に残された。このほか、真言宗の福寿院《ふくじゅいん》が観音町に、兼月庵が木呂場に、毘沙門社と薬師堂が永町にあった。

「元禄年中町家之図」によれば、元禄期（一六八八～一七〇四）には町家の七〇

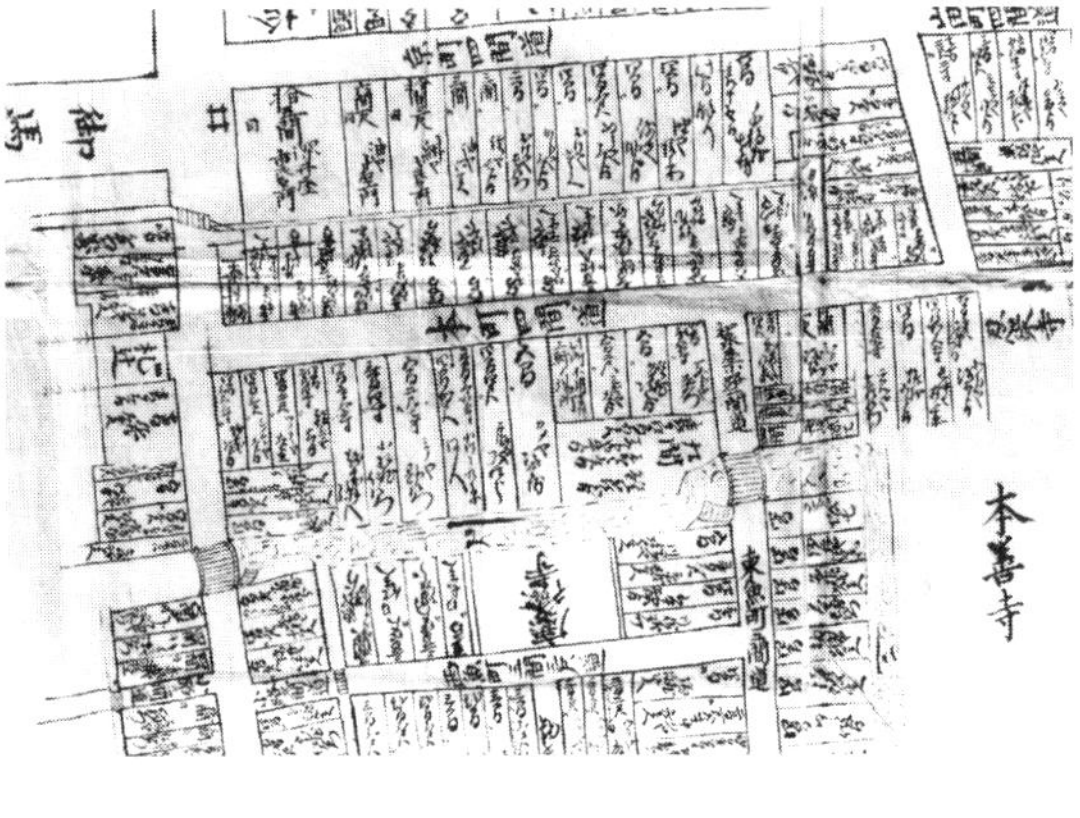

元禄期の大聖寺町家之図
（加賀市中央図書館蔵）

パーセントが入れ替わり、たとえば京町の越前屋が消え、吉崎屋と深井屋が新たに家を構えていた。本役の町は本町となり、慈光院《じこういん》の門前町として発展していた旅籠町も山田町と改められた。この山田町は加賀神明宮の旧所在地で、伊勢山田町から勧請《かんじょう》したことから町名が付いたという。慈光院が山ノ下に移された跡地は寺町となり、そこに紺屋が集住して紺屋町が形成され、横町も鍛冶職人が集住して鍛冶町となった。

魚町は振売《ふりう》りが増加して東魚町・西魚町となり、東魚町に隣接して五間町もできた。城下町の繁栄に伴って、中町・関町・下新町など新たな町も形成され、中町から西側の越前道沿いにも町並が続いていた。福田町には職人町が形成され、寛永期に福田橋詰にあった「御大工」(御用大工★の居住域)も福田町に組み込まれ、大工・桶屋・塗師屋・木地屋などの屋号を有する家が多くみられた。また、京町の深井屋前には共同井戸(御膳水《ごぜんすい》)、本町の金沢屋の隣には寛文七年(一六六七)建造の時鐘堂《じしょうどう》、その中町側には高札場《こうさつば》があり、生活に必要な城下設備も整えられていた。

城下町は天明六年(一七八六)に弓町・菅生町・永町へと拡張され、ほぼ現在の大聖寺町に相当する町域となった。武家を除く町家数は八六五軒を数え、こうした町人の屋号には笠屋・油屋・紺屋・室屋などの職業を示すもののほか、黒瀬屋・敷地屋・南郷屋・直下屋《そそり》などの出身村名が多くみられた。なお、江戸末期

▼御用大工
藩の作事所に属する大工。

の町家数は、明治五年（一八七二）に武家を含む戸数が二〇五八戸であったので、一〇〇〇～一五〇〇戸であっただろう。

藩邸は元禄六年（一六九三）七月に藩士内田八右衛門宅からの出火により門を残して全焼したため、宝永元年（一七〇四）六月に初入部した三代利直は家老神谷内膳宅に入り、同年十一月に新藩邸を造営して移った。藩邸は一般的に政治を行う場である「表」と、生活の場である「奥」とで構成され、再建された新藩邸の表の建坪は五五〇坪、また奥の一部を構成する広式は四二〇歩であった。その後、表には嘉永三年（一八五〇）に居室五五歩が造築され、奥には同五年に「梅の広式」（十代利極夫人と十二代利義夫人が居住）が、文久三年（一八六三）に「桃の広式」（十代利極夫人が居住）が増設された。

これらの建物の一部は、廃藩置県後「藩政記念室」として残されていたが、昭和九年（一九三四）の大火で焼失した。なお、江戸藩邸（大名屋敷）については、藩主やその家族が居住する上屋敷《かみやしき》（約二万平方メートル）が本郷茅町（現東京大学医学部周辺）に、隠居した藩主やその家族が居住した中屋敷（約一万五〇〇〇平方メートル）が下谷七軒町に、蔵屋敷や別邸が設けられた下屋敷《しもやしき》（約三万三〇〇〇平方メートル）が駒込千駄木町にあったが、上屋敷は富山藩と同様に加賀藩の本郷屋敷の一部を貸与されたものであった。

弘化期の大聖寺藩邸
（「錦城名所」所収）

大聖寺藩邸屋敷図略

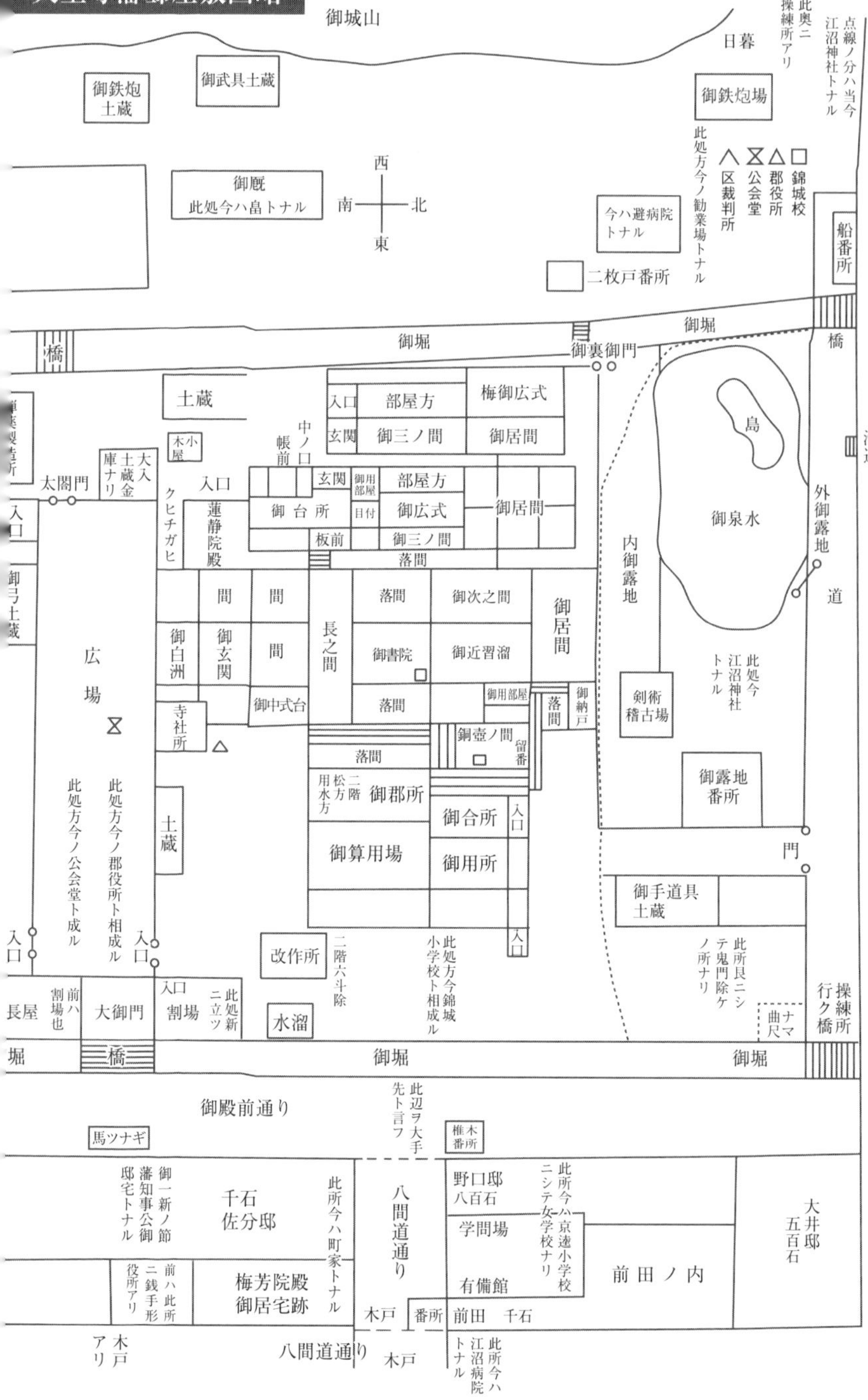
御城山
日暮
此奥ニ操練所アリ
点線ノ分ハ当今江沼神社トナル
御鉄炮土蔵
御武具土蔵
御鉄炮場
此処方今ノ勧業場トナル
区裁判所
公会堂
郡役所
錦城校
西
南
北
東
御厩
此処今ハ畠トナル
今ハ避病院トナル
船番所
二枚戸番所
御堀
橋
御裏御門
土蔵
入口
部屋方
梅御広式
玄関
御三ノ間
御居間
中ノ口
帳前
木小屋
大入土蔵金庫ナリ
太閤門
クヒチガヒ
蓮静院殿
御台所
御用部屋
目付
御広式
板前
落間
島
河道
外御露地
御泉水
内御露地
道
大川
間
長之間
御次之間
御居間
御白洲
御玄関
御書院
御近習溜
広場
寺社所
御中式台
御用部屋
御納戸
剣術稽古場
此処今江沼神社トナル
銅壺ノ間
留番
用水方
松方
二階
御郡所
御露地番所
土蔵
御合所
御算用場
御用所
門
御手道具土蔵
此処方今ノ公会堂ト成ル
此処方今ノ郡役所ト相成ル
改作所
二階六斗除
此処方今錦城小学校ト相成ル
此所艮ニシテ鬼門除ケノ所ナリ
操練所
行ク橋
曲尺マナ
長屋
前ハ割場也
大御門
割場
此処新ニ立ツ
水溜
御殿前通り
此辺ヲ大手先ト言フ
椎木番所
馬ツナギ
御一新ノ節藩知事公御邸宅トナル
千石佐分邸
此所今ハ町家トナル
八間道通り
野口邸八百石
此所今ハ京逵小学校ニシテ女学校ナリ
学問場
有備館
大井邸五百石
前田ノ内
梅芳院殿御居宅跡
前ハ此所ニ銭手形役所アリ
木戸
番所
前田　千石
木戸アリ
此所今ハ江沼病院トナル

交通網の整備

道路・河川・橋梁などの交通インフラの整備には、幕府の命による公儀普請もあったが、その他のものは、軍事や産業振興のために各藩が積極的に行った。

大聖寺藩領の主要な道路であった北国街道（北陸道）は、関ヶ原を出発点に越前・加賀・越中・越後を横断して東北地方へと向かう街道で、五街道の脇街道として位置付けられていた。北国街道は、越後高田から分岐して追分（軽井沢）で

（『加賀市史・通史上巻』所収）

中山道と結ばれ、加賀藩や大聖寺藩、富山藩の参勤交代にも多く使用された。幕府は五街道を除く街道の管轄を各藩に行わせていたので、加賀藩は慶長年間（一五九六～一六一五）に北国街道を整備し、大聖寺関所を設置するとともに、藩領境の橋と串茶屋には口留番所を置いた。

大聖寺藩成立以降は、加賀・越前国境から加賀藩との境に至る約二二キロメートルは大聖寺藩の管轄となり、この区間には五つの一里塚と橋・大聖寺・動橋《いぶりはし》・月津の四宿駅が置かれた。江戸前期と同末期には臨時的に置かれた作見駅もあり、これらの宿駅には、人足や馬を準備する伝馬肝煎（問屋）が置かれていた。文政・弘化期（一八一八～四八）には橋駅に兵左衛門、大聖寺駅に板屋太郎兵衛、動橋駅に九右衛門、月津駅に半右衛門の伝馬肝煎がいたが、このうち大聖寺駅の板屋は嘉永元年（一八四八）の馬借騒動により伝馬肝煎を罷免され、大和屋七右衛門が跡を受け継いだ。馬借騒動とは弘化二年（一八四五）から嘉永元年まで板屋太郎兵衛と馬借一五人が人馬賃銭をめぐって争い、馬借全員が禁牢に処せられた事件のことである。宿駅の荷物を運搬するのに使用された伝馬《てんま》（駄馬《だば》）には本《ほん》馬《ま》と軽尻《からしり》があり、最大積載量は本馬が四〇貫目（約一五〇キログラム）、軽尻が二〇貫目（約七五キログラム）と決められていた。ちなみに、人足は五貫目（約一九キログラム）までと定められていた。また、駅馬数は橋駅が一七疋、大聖寺駅が一一疋、動橋駅が一四疋、月津駅が二二疋と定められていたが、参勤交代のとき

弘化期の長流亭と御河道
（「錦城名所」所収）

弘化期の大聖寺関所
（「錦城名所」所収）

や幕末の動乱期には通行量が増加し、近郷の村々からさらに人馬を出させた。

北国街道の脇街道には、山代道・山中道・吉崎道・那谷道・北浜道・橋立道・片野道・堀切道などがあった。吉崎道には吉崎名願寺の東側に大聖寺藩の口留番所があり、足軽数人が常駐して吉崎御坊★の参詣者や旅人を監視していた。また、他国他領に至る風谷越《かぜたにごえ》・大内越・熊坂越・岩屋越・細野越などの峠道のうち、風谷越・大内越・熊坂越にも口留番所が置かれていた。なお、城下町の南端にあった大聖寺関所は、寛永十六年から大聖寺藩の管轄となり、足軽十数人が詰めて管理に当たっていた。

大聖寺藩内では水運も物流の発展において重要な役割を演じ、江戸時代を通じて河川・湊の整備が行われた。大聖寺城下町を流れる大聖寺川は、大日山を源流とし塩屋海岸から日本海に注いでいた。大聖寺川では、川舟が敷地河道《しきじこうどう》（敷地船着場）と堀切湊（塩屋湊）の間を往来していた。この敷地河道と堀切湊の間には、永町御蔵河道・福田河道・織部河道（御河道）・瀬越御蔵河道などの船着場が整備されていた。河口にあった堀切湊は大聖寺藩唯一の外湊で、河口に土砂が堆積したために、二百石以上の荷船は沖合に碇泊せざるを得ない、いわゆる「沖がかり」★であった。

川舟は十二石五斗積（米二五俵積）の小型船で、一般的に水夫《かこ》二人が乗船していた。舟賃の詳細はわからないものの、文化九年（一八一二）には永町御蔵河道

▼吉崎御坊
蓮如が文明三年（一四七一）に創建した御坊のこと。江戸時代には東・西本願寺（現吉崎別院）の両寺を含む総称として使用された。大聖寺藩は、自藩の貨幣や穀物が他国へ流出することを防止するため、吉崎御坊の参詣を禁止し、とくに毎年四月二十五日の吉崎参り（蓮如忌）を厳しく取り締まった。

▼沖がかり
水深の浅い港では船が入港できず、沖合で碇泊すること。

―瀬越御蔵河道間が川上げ・川下げともに銀六〇匁、瀬越御蔵河道―堀切湊―沖合に碇泊中の船の間が銭一貫二〇〇文であった。また川上げ物資には、舟才許《ふなさいきょ》の亭彦八《ていひこはち》の送り切手が必要であり、川下げ物資には奉行・十村・問屋などの送り切手が必要であった。塩屋番所のほか、堀切湊には湊問屋や魚問屋があり、大聖寺城下を中心に津入物資や水産物の輸送を担っていた。

塩屋番所には堀切湊を管理する澗《ま》奉行★・舟才許・足軽番人などが常駐し、大坂廻米改め、津入・津出品や往来手形の検査、洩物資の監視のほか、大坂・大津廻米の検査も行われていた。とくに大坂には、西回り航路の整備に伴って全国的な米市場が形成され、各藩は蔵屋敷を設置して藩内で生産した米を輸送し、売却により得た金銀を江戸や国元の藩邸に送って藩費とした。大聖寺藩の廻米は永町御蔵や瀬越御蔵に保管されたのち、塩屋番所の奉行の検査を経て渡海船（北前船）で大坂・大津へ向けて搬出された。なお、大聖寺藩は廻米の販売を管轄する払米奉行と下役人を大坂・大津へ派遣したものの、蔵屋敷は両所とも加賀藩のものを使用していた。

▼澗奉行
湊（港）を管理する奉行。

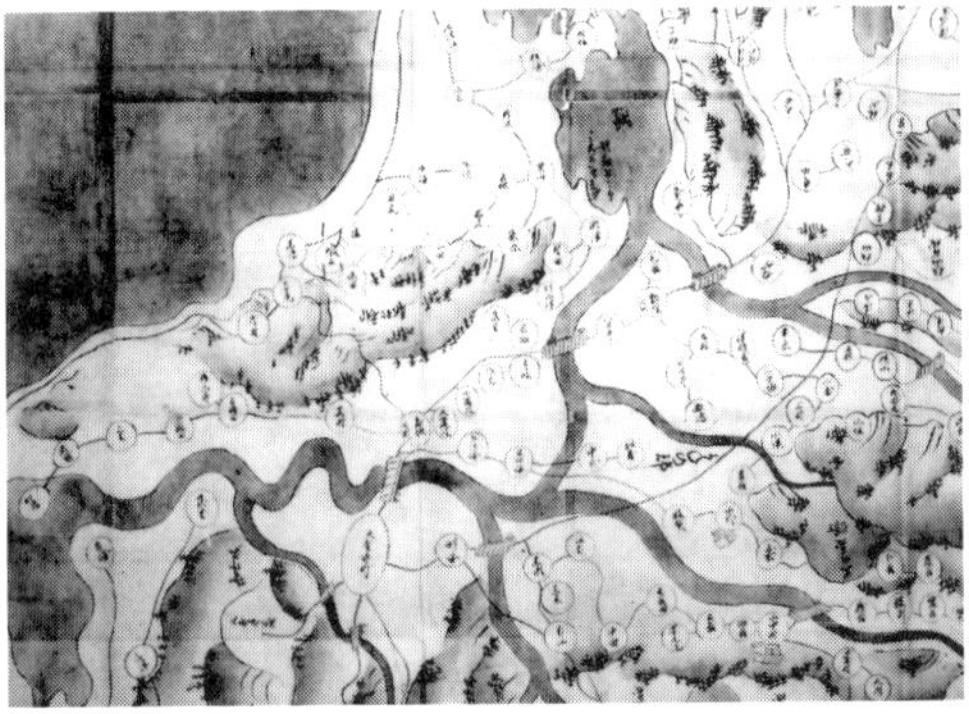
加賀領国図 よねの部（東京大学総合図書館所蔵）

③ 農政と郷村支配

加賀藩に準じた改作法を施行し、定免法の採用、村御印の交付、十村代官の設置、地割の制度化などを行った。郡奉行と年貢の収納代官を兼務した十村が郷村支配の中心となり、農民の自治組織である十人組まで支配した。

改作法の実施

大聖寺藩においても、苦しい財政を安定させるため農政に力が注がれたが、それは加賀藩の意向に強く規定されたものであった。その代表例が改作法《かいさくほう》（改作仕法）の実施であった。加賀藩の改作法は、三代利常が慶安四年（一六五一）から明暦二年（一六五六）まで実施した農政改革（財政改革）で、窮乏化した給人と農民を救済するとともに、年貢の納入を徹底させることを主な目的としていた。この改作法の要点は、農民が町人から金銭を借りることを禁止し、必要な金銭を藩が直接貸与すること、毛見法《けみほう》（出来高に応じて税率を決定すること）を止め一村平均免の定免法《じょうめんほう》（豊凶に関係なく税率を決定すること）を定めることを採用し、村ごとに平均免（税率）を定めて村御印《むらごいん》（年貢割付状）を交付すること、年貢の収納代官として十村《とむら》を配置すること、田地割《でんちわり》（地割《じわり》）を制度化することなどであった。加賀藩では、一向一揆の鎮圧過程で生じた人口減少や武士と農民との軋轢が農業生産性を低下させていたので、三代利常は農民の借金の帳消しや必要な食料の貸付け、年貢率の見直しなどを通じて、農業生産性を高めて年貢の納入を徹底させ、窮乏化した給人や貧農を救済しようとしたのである。

三代利常は、加賀藩において改作法が一段落すると、明暦二年の春から大聖寺藩でも改作法を実施した。すなわち、三代利常は、能美郡瀬領村の十村文兵衛（越中国砺波郡埴生《はにゅう》村清左衛門の嫡子）を大聖寺藩領に毎月向かわせ、大聖寺藩の十村六人の「御用方相談取次」を務めさせた。十村文兵衛は、大聖寺藩領の村々を廻って改作法の心得を諭し、惣代肝煎・組頭から納得した旨の請書を提出させた。しかし、給人が蔵入地《くらいりち》（藩の直轄地）と同時に給人地《きゅうにんち》（給人《きゅうにん》の知行地）にも増免（増税）したことに強く反対したため中断を余儀なくされた。その後、二代利明は三代利常の改作法を継承し、寛文二年（一六六二）春に加賀藩主五代綱紀から「年季御貸銀」（仕入銀）などを確約したうえで、翌年九月に加賀藩からの「御借物」（敷借米）や元利の免除、御借米・御借銀の返済延期を得て改作法を実施した。この間、十村文兵衛は同二年八月から十二月に五代綱紀の命を受け、月々大聖寺藩領に出向き、再び十村六人を指導して改作法の推進に当たっていた。二代利明をはじめ大聖寺藩の重臣らの改作法に対する意識は低く、加賀藩からの借金の帳消しや返済延期が改作法実施の目的となっていた。逆に借金を帳消しにしてでも改作法を実施させたところに、加賀藩が大聖寺藩領を自領と認識していたことが現れている。改作法の実施による収入の変化は正確にはわからないが、加賀藩では二〇パーセントほど税収が増加していることから、大聖寺藩でもこれに近い税収があったことは間違いない。

村御印の交付

村御印とは、各村の草高《くさだか》★・免《めん》★・口米《くちまい》★・小物成《こものなり》★などを定めた租税の令達状である。加賀藩では、改作法が完成した明暦二年（一六五六）に各村に下付されており、三代利常の黒印が捺されていたことから「村御印」といわれた。各村は、村御印の制定によって、その年の豊凶にかかわらず年貢を納入しなければならなくなった。この明暦二年の村御印は、寛文十年（一六七〇）に書き換えられ、五代綱紀を示す「満」の黒印とともに、敷借米《しきかりまい》★の免除や手上高（草高の増加）・手上免（年貢率の増加）など改作法体制を維持するための変更点が加筆・修正されている。村御印は通常「御印箱《ごいんばこ》」と呼ばれる専用の木箱に入れられ、村肝煎により大切に保管され、特別な改革の実施を除き天災・火災などで消失しても再交付されなかった。ちなみに、幕府や諸藩が発令した租税の令達状は「年貢割付状《ねんぐわりつけじょう》」と呼ばれ、

▼草高
領分や知行所の実質上の収穫総高。

▼免
年貢の課税率。

▼口米
付加税のこと。代官などの手数料。

▼小物成
山野川海の用益や百姓の営業に課せられた雑税。

▼敷借米
加賀藩からの「御貸物」（御借米・御借銀）のこと。

毎年各村へ交付された。

すでに述べたように、大聖寺藩では明暦二年（一六五六）に加賀藩主三代利常が指導した改作法を一時的に中断し、寛文二年（一六六二）に加賀藩主五代綱紀の意向を踏まえ、二代利明の了簡を得て翌年に改作法を実施した。この改作法の実施に伴い、大聖寺藩でも手上高・手上免や新開高などを明記した村御印が御算用場から各村へ交付されたものだろう。大聖寺藩の村御印は御算用場の印物であり、雨漏や火災などで損失した場合だけでなく、新田高・小物成などが書き換えられると再交付された。確認できる五六カ村の村御印の交付年代は、正徳二年（一七一二）から安政七年（一八六〇）まで様々である。この村御印には、本高と新田高が記され、それぞれ免と定納口米と夫銀および小物成が付記されていた。定納は高に免を乗じたもの、口米は付加税（手数料）のことであり、定納口米は本高の二分の一になり、これを年内米納、翌年銀納で上納した。本年貢（本途物《ほんともの》成《なり》）は米納の現物地代が基本で、その一部は銀納化され、さらに小物成や労働を貢租とした夫役《ぶやく》も加賀藩の治世から銀納化が進んでいたものの、大部分の村では九割程度が米納分であった。なお、銀納の換算額は奥山が一石に付き三八匁、中山が四〇匁、口山が四二匁であり、地域によって異なっていた。夫役を銀納化した夫銀《ぶぎん》は高百石に付き銀一四〇匁の割合であり、秋夫銀や春夫銀を遅滞した場合には一カ月に二割の利足が課された。

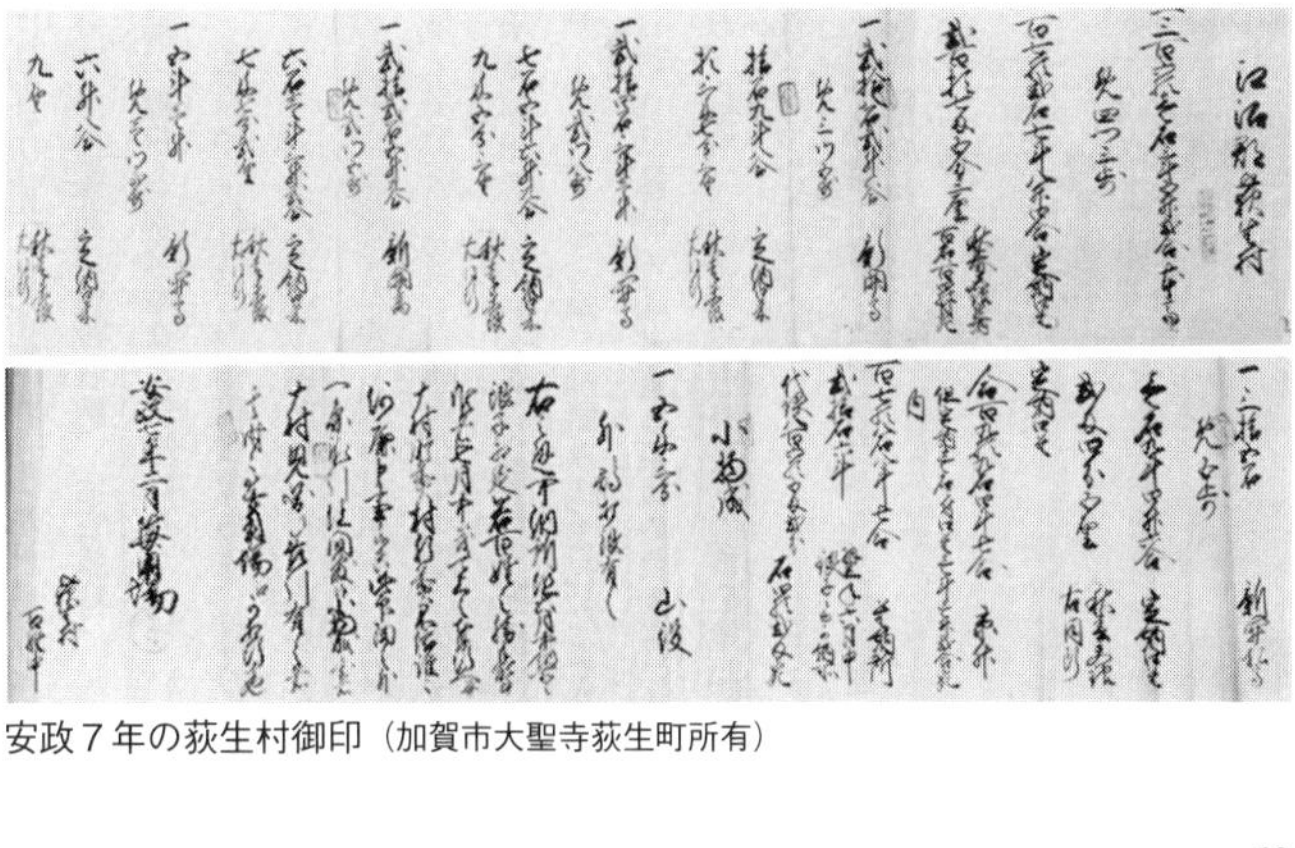

安政７年の荻生村御印（加賀市大聖寺荻生町所有）

年貢皆済状の交付

年貢皆済状とは、各村の草高《くさだか》・免《めん》・定納口米《じょうのうくちまい》・春秋夫銀《しゅんじゅうぶぎん》などを記した年貢皆済の通達状である。大聖寺藩では、十村が村御印に基づいて年貢を徴収し、皆済時に年貢皆済状《ねんぐかいさいじょう》（年貢皆済目録）として「御収納米之事」や「納年貢米之事」を村々に交付した。御収納米之事は蔵入米《くらいりまい》（藩の年貢米）の皆済後に、納年貢米之事は給知米《きゅうちまい》（給人地の年貢米）の皆済後に村々に交付したものであり、給人地がない村は御収納米之事のみが交付された。給知米の皆済後に納年貢之事を発給したことや、御収納米之事に十村代官が署名捺印し、他の十村代官が奥書押印したことは加賀藩と異なっていた。各村は十月二日から十一月二十日までに年貢を皆済したが、文化七年（一八一〇）の分納規定では、分納割合が十月二日に一分五厘、十月十六日に三分五厘、十月晦日に六分五厘、十一月十日に八分五厘、十一月二十日に皆済となっていた。十村組内で一番早く上納した村には、褒美として米や銀が与えられた。ところで、給人は家督相続や新知召抱などに際し、藩主から知行宛行《あてがい》の辞令を受けた。これを「折紙」と称し、公称草高を「折紙高」と称した。その後、給人は知行所の場所を指定した「知行所付状《ところづけ》」を受け、家老連名の指紙をもって家中給知帳（官禄帳）に登録された。この知行宛行状に基づき、

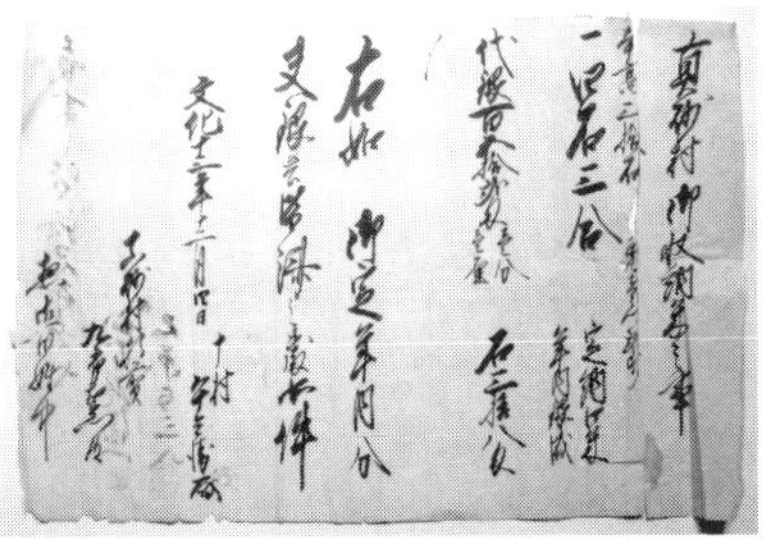
文化13年の真砂村年貢皆済状
（個人蔵）

十村は給人地を耕作する百姓を決定した「百姓付《ひゃくしょうづけ》」★を作成して給人に提出した。なお、加賀市百々町には、「草高弐拾石、但鬮《くじ》弐拾石弐升弐合八勺八才、新高三升九合八勺、一家内六人太右衛門」（縦二十五センチ×横九センチの杉木札）などと明記する江戸末期の年貢掛札三枚が現存している。年貢掛札は毎年の年貢を村人に周知させるために高札場や村肝煎宅の門あるいは戸口の上など、人々の見やすい場所に掛けて置いたもので、単に掛札とも称した。この年貢掛札は大聖寺藩唯一のものであり、大変貴重なものである。

大聖寺藩の蔵入米は、大聖寺城下の永町御蔵（約米二万石入り）のほか、瀬越御蔵（不詳）・山中御蔵（米二千石入り）・串御蔵（米七百石入り）などに貯蔵された。一方、給知米は加賀藩と同様に「蔵宿《くらやど》」と呼ばれる町人により管理されていたが、天明六年（一七八六）に蔵元らが空米《くうまい》切手を乱発し禁牢に処されたため、給知蔵と改名されて足軽により管理された。なお、明治二年（一八六九）の総石高は八万四千三百石余であり、うち御蔵米が一万七千四百八十九石余、鍬米が百七十五石余、給知米が一万千二百六十一石余などで、年貢合計が二万八千九百二十五石余となっていた。

十村役の設置

▼百姓付
給人に現米を納める百姓を指定した書付のこと。

江戸末期の百々村年貢札
（加賀市教育委員会蔵）

改作法の実施は、収入の安定化だけでなく、年貢の収納代官として十村を設置することを通じて、農村統治の安定・教化が意図されていた。十村とは他藩の大庄屋《おおしょうや》・惣肝煎《そうきもいり》・割元《わりもと》などに相当するもので、加賀藩では慶長九年（一六〇四）に設置され、寛永十二年（一六三五）の村組の大組化、承応元年（一六五二）の組割改正などを経て数十カ村を管轄するようになった。寛政期（一七八九〜一八〇一）には御扶持人十村と平十村に区別され、御扶持人十村はさらに無組御扶持人と組持御扶持人に分けられ、三者にそれぞれ並（見習者）と列（退老者）があって九階層となった。

大聖寺藩の十村には村組を担当した組付十村（定員四〜六人）と、組をもたず組付十村を監督した目付十村（手振十村、定員二人）との二種があり、頭十村・十村見習・十村加人・十村格・十村代番などの名称もあった。十村格は献金・藩益を尽くした者に与えた名誉職で、実務に就くことはなかった。十村組は六組を基本としたものの、一向一揆の遺制である八組の行政組織（西ノ庄一六カ村、北浜一九カ村、山中谷一七カ村、潟廻二二カ村、能美境一九カ村、那谷谷二二カ村、四十九院谷一九カ村、奥山方二一カ村）を利用することもあった。十村組の村数は二〇カ村ほどで、加賀藩の四〇〜五〇カ村に比べて少なく、二〜三組を担当する十村もいた。

十村の業務は、勧農、租税の徴収、組内の治安維持、農民の生活指導など行政事務全般にわたっていた。その業務は司法業務・徴税業務に比べて、一般業務が圧倒的に多く、一般業務では改作奉行管轄の改作業務に比べ、郡奉行管轄の民政業務が多かった。このことは、大聖寺藩の改作奉行の権限が弱かったことを示すものである。十村は自宅の一隅（御役所）で彼らの業務を補佐する本手代数人と、十村代官の年貢徴収業務を補助する代官手代（納手代）を雇い、彼らにも御郡所に誓詞（誓紙）を提出させた。このほか、十村は吟味奉行が管理する獄舎とは別に郡牢を管轄し、売買・賭博など民事事件をすべて専決した。

組付十村は、村肝煎や掛作百姓（他村の田畑を耕作する者）を除く組内の男子十五〜六十歳から、役料として鍬役米《くわやくまい》二升を徴収することが認められていた。たとえば、明和四年（一七六七）に組付十村五人は、鍬米高百七十七石余の六分の一を藩（御郡除物方）に上納し、その残りを役料として得ている。目付十村には鍬役米の徴収が認められていなかったが、享保元年（一七一六）に御算用場から御切米十石（一年分）が支給されていた。十村手代は元禄五年（一六九二）に日用銀として年に銀八〇匁が支給されていた。

十村代官は、租米・春秋夫銀の徴収業務を行い、手数料として代官口米（百分一米）が支給された。たとえば、明和四年に十村代官七人は、代官口米の八分の一を藩に上納し、残りを一人当たり三十五石ずつの口米を得ている。また、組付十村五人は小物成取立役を兼務し、同四年に口米六分の一を藩に上納して、その残りを役料として得ている。さらに、臨時的な諸事（廻国上使巡見御用主付や用水開鑿主付など）を兼役した際にも、口米など役料が支給された。

十村は世襲制ではなかったものの、堀野新四郎（右村）、和田五郎右衛門（嶋村）、荒森宗左衛門（保賀村）、鹿野小四郎（小塩辻村）、和田半助（分校村）、橋本源左衛門（動橋村）などは、代々十村を務めた。とくに、鹿野家からは、宝永六年（一七〇九）に貴重な農書『農事遺書』（五巻、加賀市指定文化財）を著した初代小四郎のほか、文化元年（一八〇四）に『鹿野家農事日誌』を著した八代小四郎、天保期に新田開発や砂防植林に尽力した九代小四郎、慶応期に紙屋谷用水を開鑿した十一代源太郎など有能な十村が次々と現れた。十村や十村格となった北前船主のなかには、江戸後期に苗字帯刀を許可された者もいた。彼らは、寛文期（一六六一〜七三）からは藩邸の御式台で行われた年頭御礼にも参加し、天明五年（一七八五）正月二日の年頭御礼では奏者から町医・町年寄より先に呼ばれたという。なお、大聖寺藩には、十村分役の新田裁許が置かれたものの、山廻役（百姓山廻）は置かれなかった。

各村には、村方三役（地方三役）と呼ばれる村肝煎《むらきもいり》（村役人の長）、組合頭《くみあいがしら》（村肝煎の補佐役）、百姓代《ひゃくしょうだい》（百姓の代表）がおり、その下に村の末端の自治組織として五人組（隣保組織）が置かれていたが、大聖寺藩では約一〇戸を一人の十人頭《じゅうにんがしら》★（十人組頭）がまとめる体制がとられ、五人組制度の代用となっていた。

▼十人頭
十人組頭のこと。

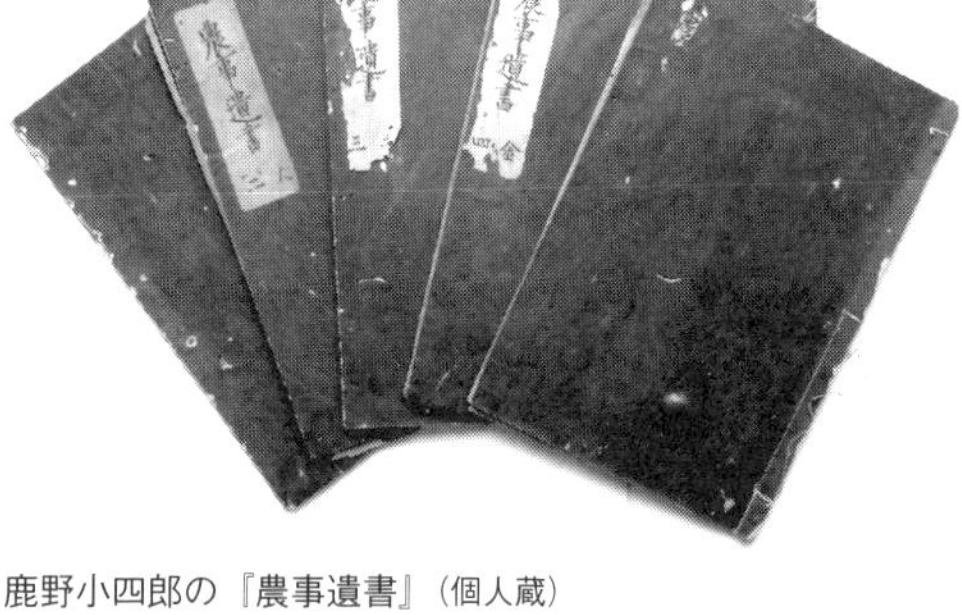
鹿野小四郎の『農事遺書』（個人蔵）

郡方の支配組織

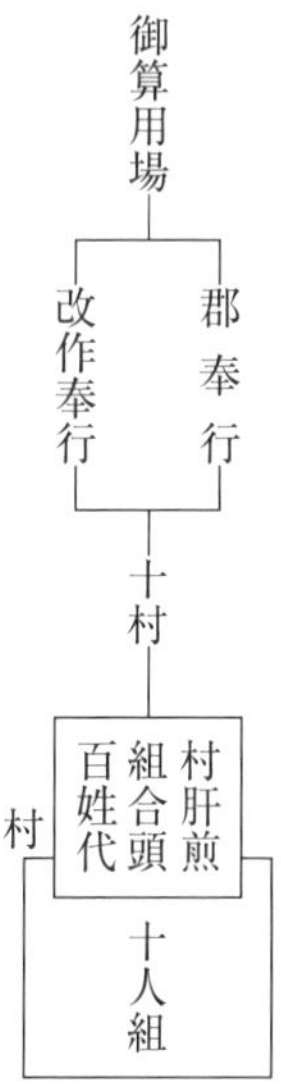

十村鹿野家の人々

鹿野家の先祖は、本願寺八世蓮如上人による北国布教の頃から越前吉崎で坊士を務め、堂司の和田本覚寺を輔けていたという。鹿野の姓も蓮如院の地を鹿之山といい、北潟湖に浮かぶ島を鹿嶋と称したことに因んで名乗ったという。

初代小四郎は、延宝二年（一六七四）二十歳の春から渡海船に乗り込み、船乗りとして津々浦々に生活の資を求めていたが、天和元年（一六八一）二十七歳の冬には吉崎村の肝煎役を頼まれ、これを機会に八カ年の海上生活に終止符を打った。元禄四年（一六九一）三十七歳の秋には藩当局より目付十村を命ぜられたが、まさに旧慣を破る破格の抜擢であった。同六年の春には北浜組一八カ村の中心地である小塩辻村へ移住を命じられ、市川五兵衛なる者の田畑・山林など財産一切

大聖寺藩の十村名

年代	種類	十村名
明暦２年(1656)	目付	なし
	組付	五郎右衛門（嶋）、五郎兵衛（七日市）、忠左衛門（山代）、七左衛門（片山津）、三郎兵衛（大聖寺）、次右衛門（山中）
寛文２年(1662)	目付	なし
	組付	五郎右衛門（嶋）、五郎兵衛（七日市）、忠左衛門（山代）、七左衛門（片山津）、三郎兵衛（大聖寺）、次右衛門（山中）
寛文10年(1670)	目付	五郎右衛門（嶋）
	組付	六兵衛（中島）、重蔵（山中）、武兵衛（山中）、平兵衛（庄）、庄次郎（不詳）
元禄11年(1698)	目付	半兵衛（別所）、半右衛門（不詳）
	組付	長右衛門（荒谷）、八郎右衛門（月津）、宗左衛門（保賀）、彦左衛門（不詳）、小四郎（小塩辻）
宝永元年(1704)	目付	安右衛門（山代）、新四郎（右）
	組付	伊右衛門（山中）、八郎右衛門（月津）、宗左衛門（保賀）、五兵衛（大聖寺）、小四郎（小塩辻）
正徳２年(1712)	目付	文兵衛（小塩辻）、新四郎（右）
	組付	五郎右衛門（嶋）、次郎兵衛（片山津）、宗左衛門（保賀）、清兵衛（山中）、五兵衛（大聖寺）、半助（分校）
享保元年(1716)	目付	文兵衛（小塩辻）、半兵衛（別所）
	組付	五郎右衛門（嶋）、次郎兵衛（片山津）、宗左衛門（保賀）、清兵衛（山中）、五兵衛（大聖寺）、半助（分校）
享保18年(1733)	目付	五郎右衛門（嶋）、長太夫（片野）
	組付	半四郎（片山津）、文兵衛（小塩辻）、伝兵衛（不詳）、与四郎（吉崎）、久五郎（不詳）、半助（分校）
安永６年(1777)	目付	源兵衛（山中）、半次郎（不詳）
	組付	間兵衛（日末）、平兵衛（山代新）、宗左衛門（保賀）、小四郎（小塩辻）
天明４年(1784)	目付	源兵衛（山中）、半助（分校）
	組付	間兵衛（日末）、平兵衛（山代新）、宗左衛門（保賀）、小四郎（小塩辻）
享和２年(1802)	目付	新四郎（右）、宗左衛門（保賀）
	組付	間兵衛（日末）、平兵衛（山代新）、小四郎（小塩辻）、半助（分校）、長右衛門（荒谷）
文化５年(1808)	目付	新四郎（右）、間兵衛（日末）
	組付	甚四郎（不詳）、平兵衛（山代新）、宗左衛門（保賀）、小四郎（小塩辻）
文政13年(1830)	目付	宗左衛門（保賀）
	組付	間兵衛（日末）、平兵衛（山代新）、新四郎（右）、小四郎（小塩辻）
安政６年(1859)	目付	宇兵衛（中島）
	組付	平兵衛（山代新）、源太郎（小塩辻）、善助（小菅波）、重作（動橋）

※『加賀市史料五』『大聖寺藩史』『山中町史』などにより作成。三郎兵衛（大聖寺）、五兵衛（大聖寺）は町人で、前者は千福屋、後者は平野屋と称した。

と奉公人を代銀一貫目で購入して移った。

なお、市川五兵衛は旧今川家の浪人であり、いつの頃か小塩辻村に住みつき、しだいに財力を蓄え、やがてその実力が買われ十村役に登用されたものの、後年に至り橋立村の肝煎役とともに年貢米を横領したため、割腹して相果て遺族が所払いに処せられたという。こうした事情を知った小四郎は、五兵衛家の憐憫から大聖寺藩士児玉正信の忰を娘の婿養子に迎え、屋敷地や畑地・山林などを与えて市川文兵衛を名乗らせ分家させた。

二代源太郎は宝永四年（一七〇七）に目付十村となったものの、病身のため十村職を分家の市川文兵衛に譲った。三代文兵衛は初代小四郎の養子となった藩士児玉正信の忰で、正徳二年（一七一二）の正徳一揆直前に目付十村となった。以下、四代文兵衛（三代文兵衛の忰）、五代文兵衛（四代文兵衛の忰）と分家が鹿野家の家督を相続するとともに十村職を世襲した。六代小四郎ははじめ庄兵衛（五代文兵衛の弟）、のち文兵衛・小四郎と名乗った。御用所は分家の市川家が本家の家督を相続するとともに十村職を世襲することを厳しく糾弾し、今後は文兵衛が本家に移り、鹿野小四郎を名乗るように命じた。

七代小四郎は六代小四郎の嫡男で、安永期（一七七二〜八一）に十村代番を経て組付十村となり、天明期（一七八一〜八九）に目付十村となった。八代小四郎は七代小四郎の嫡男で、寛政四年（一七九二）に十村見習、享和二年（一八〇二）に組付十村となり、文政六年（一八二三）に苗字御免となった。天保十二年（一八四一）には永年の功績により御用所から居屋敷を拝領し、隠居して耕栄と称した。

九代小四郎は能美郡串村の池田甚四郎の四男太三郎で、文政十二年（一八二九）に八代小四郎の養子となり、同年に十村見習、天保五年（一八三四）に同代番、同六年に組付十村（改作主付十村）となった。一時病気のため退役したのち、同十四年（一八四三）に十村再役、苗字御免となり、嘉永六年（一八五三）に三人扶持、同七年に中田村へ移住を命じられた。安政七年（一八六〇）に目付十村・新田裁許兼帯、文久元年（一八六一）に小塩辻村に帰住となり、元治元年（一八六四）隠居を許された。弘化五年（一八四八）には廻船業に従事し、橋立船持衆に願い出て大聖寺藩の蔵米千五百石を金九〇両で大坂に廻送した。改作主付十村の小四郎は、領内全域にわたって用水の改修、堤の新改築、溜池の増設、また田畑の開墾、砂丘地や山地の植林などを行った。砂防植林では篠原浜から伊切浜まで六十町歩に黒松苗数万本を、山地植林では那谷村の山地二里に杉数万本を植栽した。このほか、畑地に茶・桑を植えて製茶・養蚕を盛んにし、養魚を奨め、地割を推進して生産力向上に寄与した。

十代庄次郎は九代小四郎の養子（藩士志村平内の忰）で、天保十四年（一八四三）に十村見習、弘化四年（一八四七）に十村加人、嘉永三年（一八五〇）に新田裁許、同七年に組付十村となった。十一代源太郎は九代小四郎の忰で、安政五年（一八五八）に組付十村加人、文久元年に組付十村となり、元治元年（一八六四）に苗字御免となった。慶応三年（一八六七）に十村職を悴虎作に譲り、紙谷用水開鑿主任として中田村に移住し、同村の肝煎庄与門の協力を得て明治二年十一月に紙谷用水（紙屋谷用水）を完成させた。十二代虎作は慶応三年に組付十村となり、廃藩後は郡治掛、郷長、戸長などを経て、塩津村長、大聖寺町外二四カ村組合町村長、潮津村長などを務めた。

地割と居引

地割★とは、江戸時代に一村内の貢租を公平にするため各地で実施された土地割替である。加賀藩では碁盤割・田地割・田割などと呼び、江戸初期から約二十年を原則として農民の持高に応じて土地を割替えた。大聖寺藩でも田地割・田割・居引《いびき》・長割などと呼び、改作法の施行後に加賀藩に準じた方法で土地を割替えた。たとえば、真砂《まなご》村では、寛文五年（一六六五）に居屋敷・野畑・山畑を農民一七人の持高に応じて割替えた。平均歩数は居屋敷が四九・七歩、野畑が二六・八歩、山畑が三・六口《くち》で、野畑を所持しない者が五人、山畑を所持しない者が一人いた。このほか、深田村では同年に地割、享保十二年（一七二七）に居引を、高尾村では元禄四年（一六九一）に地割を、小塩辻村では同六年に地割、明和五年（一七六

▼地割
一村内の田畑を持高や家数に応じて割替えること。田地割・碁盤割・田割などともいう。

八）に居引を、千崎・大畠・塩浜・篠原・田尻村では享保十九年に居引を、荒谷村では寛保元年（一七四一）に居引を、瀬越村では明和六年に居引を実施した。

荒谷村の寛保元年の居引は、田地四〇〇歩・畑地四一〇歩・屋敷地を一鬮《くじ》十石として四〇鬮を農民四八人で割替えられたが、一人で鬮二本を引く者もあれば、数人で一本を引く者もある不平等割であった。このように、居引とは実質的な地割であった。ただ、松山藩（愛媛県）では村高の固定した村において土地丈量（検地）を伴わず、田畑の石高のみを公平に査定した「居坪《いならし》」が実施されていたので、もともと居引は検地を伴わない簡略化した地割であったかもしれない。『大漢和辞典』によると、居引の「居」は「い」「すえる」「すわる」と、「引」は「いん」「ひき」「びき」と読むことから、「いびき」「すえびき」となるが、「居」は歴史的に「い」と読む場合が多いので「いびき」と読むべきだろう。元禄以降、地割から居引に代わったのは、検地が村にとって大きな経済的負担となったためであろう。しかし、その後居引が実質的な地割であったことをみると、検地なしでは村内の石高を公平に査定できず、農民の持高にも公平を欠いたため、再び検地を実施したものだろう。

その後、矢田野村では宝暦十年（一七六〇）に、百々《どど》村では文化七年（一八一〇）、同十三年、天保七年（一八三六）、慶応三年（一八六七）に、直下《そそり》村では江戸後期に、今立《いまだち》村では文政八年（一八二五）に、荻生《おぎゅう》村では安政六年（一八五九）にそれぞれ地割が実施された。地割は改作体制の一環として地租改正まで継続されたが、それは貨幣経済の浸透に伴う切高仕法《きりだか》★によって農民階層の分化が進み、高の請卸し関係から地主・小作問題が生じるなかで、小作人擁護と貢租増徴を目的として実施されるようになった。つまり、藩は地主・小作関係に規制を加えるため、地割と地割の中間に全耕作者（地主・小作人）を対象として鬮替《くじがえ》★を実施したのである。

新田の開発

大聖寺藩の村高を記す最も古い史料である正保三年（一六四六）の『江沼郡土地台帳』によれば、越中国新川郡の七カ村を除く江沼郡の総石高は七万百六十六石余（本高六万四千五百四十九石余、新田高五千六百十七石余）であった。その後、総石高は、改作法施行後の貞享元年（一六八四）に八万千八百九十九石余（江沼郡の本高六万五千七百三十一石余、能美郡の本高四千三百二石余、新田高一万千八百六十六石余）、天保十五年（一八四四）には八万四千三百六石余（江沼郡の本高七万三千九百九十九石余、能美郡の本高不詳、新田高一万三百十六石余）になっており、大聖寺藩の総石高は藩政期を通して二割ほど増加したと推察される。ちなみに、加賀藩の総石高は正保三年から天保九年までに約一九パーセント、富山藩は同期間に約一五パーセント増加している。

▼切高仕法
元禄六年（一六九三）に田畑の売買を公認した加賀藩の法農政。

▼鬮替
地割と地割の中間に全耕作者（地主・小作人）を対象として田畑を割替えること。

大聖寺藩の新田開発は、江戸前期から同中期にかけて潟廻・北浜・山中谷などの村々で多く行われた。なかでも潟廻での新田開発は著しく、耕地の約二割が新田高であった。これに対し、能美境・那谷谷・四十九院谷・奥山方などの村々では新田開発が少なかった。江戸前期に開発された新田は藩営新田が中心で、郡奉行と十村の指導により進められた。その代表的な新田である山代新田は、寛永二年（一六二五）に加賀藩士の久世徳左衛門が普請した市之瀬用水の完成に伴って開発された。徳左衛門は、越中砺波郡の「畔鍬《くろくわ》」（労務者）のほか、近郷から農民の二男・三男を雇って開発に当たらせ、普請後に山代新村（勧進場村）に居住させたという。その後、徳左衛門は同六年に同用水の鎮守となる山代神明宮の神主となり、宝暦六年（一七五六）までその子孫が神職を継承した。なお、同社は文政六年（一八二三）に山代温泉の中心部に近い神明山に遷されたのち、明治三十五年（一九〇三）に市之瀬神社と改称し同四十年に再び山代新村に遷された。

同じく藩営新田である矢田野新田は、延宝七年（一六七九）に家老神谷内膳が普請した矢田野用水の完成に伴い開発された。神谷内膳は、近郷の大聖寺藩領や加賀藩領の村々から農民の二男・三男を雇って開発に当たらせ、普請後に「御畠九カ村」（矢田野九カ村）に居住させた。矢田野用水の完成時には、勅使村領の宝江山（法皇山）にあった矢田野鎮守で祭礼が行われ、その司祭を大聖寺城下の慈光院が務めた。

市之瀬用水取入れ口（加賀市別所町）

矢田野用水取入れ口（加賀市横北町）

江戸後期には財政難から藩営新田は減少し、小規模な村請新田が中心に開発されるようになった。村請新田の開発は、有力な町人に力を借りて、改作奉行と十村・新田裁許などの指導の下で行われた。新田は一〜三年目が無税で、四年目以降は前三カ年の作柄を基準として本田並に課税された。これを「鍬下年季《くわしたねんき》制度」と呼んでいる。新田は手上高《てあげだか》（草高の増加）や手上免《てあげめん》（年貢率の増加）によって課税対象地となり、村御印に書き加えられた。

新田開発に伴って、水田に不可欠な灌漑設備も整備された。取水のため河川に堰や水門が設けられたり、築堤に伴って堤（水溜）が造られたりしたほか、水田まで引水するために用水路（用水）も建設された。大聖寺藩の代表的な用水として、寛文五年（一六六五）に市之瀬用水（約七二〇七メートル、灌漑規模約九千四十九石）、延宝八年（一六八〇）に矢田野用水（約一万一〇九八メートル、灌漑規模約七千六百八十石）が完成され、江戸中期には鹿《しし》ヶ端《はな》用水（約七七〇四メートル、灌漑規模約六千二百八十三石）や御水戸用水（約三一八八メートル、灌漑規模約千五百五十四石）などが造られた。また、分校大堤（七〇八〇歩）、嶋大堤（四三八七歩）、二ツ梨殿様堤（三七五七歩）、佐美大堤（二五〇〇歩）、冨塚東大堤（二五〇〇歩）、林大堤（二〇〇〇歩）などの堤や、片野の大池（広さ不詳）、宮地の琵琶ヶ池（八〇〇〇歩）、野田の塔ヶ池（四三〇〇歩）、小塩辻の鞍ヶ池（三二〇〇歩）などの池も整備された。用水や堤・池を利用する村々は、村高百石に付き一〇人の川除人足や、同じく百

領内最大の堤「琵琶ヶ池」（加賀市宮地町）

石に付き三〇人の堤人足を出してそれらを管理した。

砂防植林

大聖寺藩では、山林植林・砂防植林・並木植林・川土居植林・荒地植林などが行われたものの、砂防植林を除き、余り成果がみられなかった。山林植林は藩有林（松山）や民有林（百姓持山）への植林（松・杉・檜など）、並木植林は街道並木への植林（松・杉・榎など）、川土居植林は川土居への植林（苦竹・柳など）、荒地植林は無地・荒地への植林（桑・茶・楮・漆など）であるが、山林植林は民有林の藩有林への編入や七木制度★（留木制度）の実施により、また並木・川土居・荒地植林は苗木の土地不応などにより、その成果は少なかった。こうしたなか、砂防植林は百姓が田畑や家屋などを飛砂から守るため、江戸中期から熱心に行われた。

享和三年（一八〇三）の『茇憩紀聞《ばっけいきぶん》』★には「昔は今の砂山の所一円檜木林なりしに、或時木と木とすれ合ひ出火して、不残焼失すと云ふ。今長者屋敷の辺に、焼木と覚しき木根あり。又大池もめくらが池も、ひとつ池にありしに、砂押入埋り、大池とめくらが池は入江にて埋り残りたると云」とあり、古く片野浜から上木浜までは檜林が広がっており、そのなかには片野大池（鴨池）から下福田大池（盲ヶ池）まで続く大きな池（約周囲二キロメートル）があったが、檜林の焼失に伴

▼七木制度
加賀藩に準じた留木制度で、江戸後期には松・杉・檜・槻・桐・栂・唐竹を指定していた。

▼茇憩紀聞
享和三年（一八〇三）頃に書かれた大聖寺藩に関する名所・旧跡・神社・仏閣・伝承などを記録したもの。著者は郡奉行の塚谷澤右衛門。

う飛砂により入江の所が埋まったという。その後、大きな池は飛砂により片野大池・下福田大池など五つの池に分かれ、片野大池の水は年々増加して溢れそうになったため、延宝六年（一六七八）に魚屋長兵衛が藩から銀三貫八五〇匁で掘抜工事（長さ一六〇メートル）を請負い、水を村向かいの勘定谷へ流し出した。藩は元禄元年（一六八八）に御郡所から数百人の人夫を出し、片野浜二〇〇間（約三六二メートル）に砂防垣（簀垣）を作って黒松苗を植栽した。また、天明六年（一七八六）にも御郡所から数百人の人夫を出し、片野浜二五〇間（約四五三メートル）に砂防垣を作って黒松苗を植栽した。寛政六年（一七九四）の『御郡之覚抜書』によれば、片野大池から下福田大池に向かって「小池」「ニゴリ池」「ダイバカ池」の三つの池があったが、今、地元の古老はこれらを「アンニャガ池」「アンサガ池」「ダイバ池」と呼んでいる。

江戸中期の『加越能御絵図覚書』収載の「正保二年以前より之在新村」には「一、中浜村（上木出村）。但出来之年数知不申候。親村より西ノ方ニ当ル、道程拾弐丁七間」とあり、片野・塩屋両村（約四キロメートル）の中間には、正保二年（一六四五）以前から中浜村（浜中村）という上木出村があった。中浜の人々は越前三里浜から移住し、漁業と製塩業を中心に生活するとともに、下福田大池や標高約七三メートルの山から流れ出る水を利用して僅かな田畑（約一石三斗）も耕作していたという。ところが、村人が毎年、製塩燃料材の塩木に松や檜を伐採したため、江戸後期かから次第に飛砂が激しくなり砂丘化が進み、天保年間（一八三〇～四四）に廃村となってまった。

中浜の本村である上木村でも江戸後期から飛砂が激しくなり、延享元年（一七四四）には畑一町歩（約一万平方メートル）が、安永三年（一七七四）には田畑や家屋二一戸が砂に埋まった。とくに、安永三年には二五〇間（約一四五〇メートル）にわたって最高八〇尺（約二十四メートル）もの砂が押し出し、村人の一部は天高山の西南に移った。これが現在の上木出村である。村高九百六十石・戸数一五〇戸を有した上木村は、天保十二年（一八四一）までの百年間に村高四百六十石・戸数七〇戸になったという。この間、藩は明和三年（一七六六）に御郡所から数百人の人夫を出し、上木浜九〇〇間（約一六〇〇メートル）に砂防垣を作って黒松苗・合歓木苗などを植栽した。寛政二年（一七九〇）にも御郡所から数百人の人夫を出し、上木浜一二〇〇間（約二一七二メートル）に砂防垣を作って黒松苗・柳苗などを植栽した。

こうした状況のなかで、藩は藩有林の松山や民有林の百姓持山を問わず、本格的な砂防植林を行い、藩士の小塚藤十郎をはじめ、十村の鹿野小四郎、村肝煎の井斎長九郎・西埜長兵衛・西清次郎・吉野和平などが熱心に協力した。小塚藤十郎は藩に植物方の設置を建言し、文政七年（一八二四）に植物方奉行、翌年に松奉行となり、山野に出掛けて綿密に土質を調べ、長い年月をかけて伊切・篠

大聖寺藩の砂防植林

年　次	郡名	浜名	植樹名	砂防垣	備　考
延宝８年（1680）	江沼	片野	黒松		
元禄元年（1688）	江沼	上木	黒松	200間	
宝暦６年（1756）	江沼	片野	黒松・芒		御郡所
明和３年（1766）	江沼	上木	黒松・合歓木	900間	御郡所
天明６年（1786）	江沼	塩屋	黒松・柳	250間	御郡所
寛政２年（1790）	江沼	上木	黒松・柳	1200間	御郡所
天保４年（1833）	江沼	塩屋	黒松・合歓木	180間	御郡所
天保４年（1833）	江沼	瀬越	黒松・合歓木	480間	御郡所
天保７年（1836）	江沼	篠原	黒松・合歓木	3600間	御郡所
安政４年（1857）	江沼	上木	黒松・柳		真竹２万本

※『加賀藩史料』『大聖寺藩史』『江沼郡誌』『石川県史』『石川県山林誌』などにより作成。

原・片野・上木・瀬越・塩屋浜に黒松苗・合歓木苗・柳苗など数十万本を植栽した。彼は槍を植栽現場に突き立てて人夫の監督を行ったため、槍の石突きを三度も取り換えたという。小塩辻村の十村であった九代鹿野小四郎は殖産興業に熱心であり、天保七年（一八三六）と翌々年に伊切・篠原浜六〇町歩（五四万平方メートル）に黒松苗や合歓木苗など数万本を植栽した。小四郎は土を詰めた俵を砂のなかに埋め込み、その俵のなかに黒松苗を植栽する方法を考案したという。塩屋の村肝煎であった井斎長九郎は小塚藤十郎の良き協力者であり、天保四年（一八三三）から安政四年（一八五七）まで私財を投じて塩屋浜に黒松苗や合歓木苗など植栽した。上木の村肝煎であった西埜長兵衛、片野の村肝煎であった西清次郎、瀬越の村肝煎であった吉野和平も、同時期に私財を投じて上木・片野・瀬越浜に黒松苗・合歓木苗・柳苗などを植栽した。このとき、塩屋浦の北前船主であった西野小左衛門・西野小右衛門らは井斎長九郎に、瀬越浦の北前船主であった広海二三郎・大家七平らは吉野和平にそれぞれ砂防植林費を援助したという。

砂防植林の方法は、まず砂丘化した山野に縦横約五〇メートルの砂防垣（簀垣）を築き、そのなかに合歓木苗・柳苗・芒など植えたのち、黒松苗を植栽した。黒松苗の植栽が終了すれば、その場所に「鎌留め」と書いた高札を建て、農民らの立ち入りを禁止した。黒松苗は領内の村々や越前国の三国から購入したものが多く、領内産の黒松苗は大部分が百姓持山から抜き取ったもので、「拾い苗」と呼ばれた。砂防垣用の唐竹（真竹）は主に山代御藪から、また苦竹（女竹）は主に藩邸の西南にあった向御藪から伐採された。せっかく植栽しても、黒松苗の多くは飛砂によって砂に埋まり、翌年には砂防垣の修理とともに黒松苗を補植せねばならなかった。また、成木になった黒松も松食虫（蛾の幼虫）のために枯れ、藩は度々、松食虫の駆除を砂防林近くの村々に命じていた。享保十年（一七二五）には冨塚・片山津・潮津・日末村などから数百人の人夫を出し、砂防林の松食虫を駆除したものの、人の手でする仕事であり、余り効果がなかった。

加賀海岸の防砂林（加賀市教育委員会提供）

なお、現在の加賀海岸の砂防林（長さ四二〇〇メートル、幅一二〇〇メートル）は、すでに明治中期に大半が砂丘地となっていた藩政期の旧砂防林に、明治四十四年（一九一一）から大正十三年（一九二四）まで国有原野の植栽事業として黒松苗・合歓木苗・ハンノキ・アカシアなど約五〇〇万本を新植・補植し、さらに昭和に入り同二十六年（一九五一）まで黒松苗・合歓木苗など補植を行った結果、同三十年頃には天然の松林に近い状態となった。

これも大聖寺

大聖寺城

標高約七〇メートルの錦城山（御城山）には、南北朝期から江戸初期まで大聖寺城（錦城）があった。これ以前、錦城山続きの荻生山には、平安後期から鎌倉期まで白山五院の一つに数えられる「大聖寺」があった。

建武二年（一三三五）には加賀国人《こくじん》の狩野一党が「大聖寺ノ城」で越中の名越時兼《なごえときかね》と戦い、同四年には新田義貞に加勢した狩野一党が津葉五郎清文《つばごろうきよぶみ》が守る「大聖寺ノ城」（津葉城）を攻略した。

天文二十四年（一五五五）には越前の朝《あさ》倉教景《くらのりかげ》が一向一揆勢が籠もる大聖寺城を陥落させ、永禄十年（一五六七）には加越両国の和議が成立し、一揆勢の二城（柏野・松山）と朝倉勢の三城（大聖寺・檜ノ屋・黒谷）が焼き払われた。天正三年（一五七五）には織田信長勢が加賀国江沼・能美両郡を占領し、大聖寺城を修復して梁田広正を、同八年には拝郷家嘉《はいごういえよし》を置いた。

その後、溝口秀勝が同十一年から近世城郭に大改修し、山口宗永・前田利長も改修を行い、元和元年（一六一五）の一国一城令により廃城となった。

城郭は本丸を中心に尾根の北から北ノ丸・二ノ丸・西ノ丸・鐘カ丸・東丸の六郭が連なる連郭式城郭で、さらに谷を挟む尾根筋にも郭群がある。東西約四五メートル・南北約一七メートルの本丸には高さ約四メートル、東西約一〇〇メートル・南北約四五メートルの鐘カ丸には西側と南側に長さ約七〇メートル・高さ約四㍍の大規模な土塁が残る。

大聖寺城は元和元年（一六一五）の一国一城令により廃城となり、その跡地の錦城山は「御城山」または「古城山」と呼ばれるようになった。大聖寺藩は寛永十六年（一六三九）の藩創設以来、この御城山を「御留山」に指定し、山麓に矢来（竹を組んだ囲い）や番屋を設けて一般人の入山を禁止した。

「加州大聖寺古城之図」（金沢市立玉川図書館近世史料館蔵）

これも大聖寺

大聖寺藩人物伝①

大田錦城《おおたきんじょう》

明和二年～文政八年（一七六五～一八二五）

儒学者。大聖寺藩の藩医樫田玄覚《かしだげんかく》★の七男で、安永七年（一七七八）に藩士竹内親則《たけのうちちかのり》の養子となり、その後、越前国府中の医師県道策《あがたどうさく》の養子となったが、いずれも離縁して天明四年（一七八四）に儒学を志し江戸に遊学した。江戸では井上金峨の折衷学に共鳴した山本北山★の奚《けい》疑塾《ぎじゅく》に学び、同五年に駒込吉祥寺に住居を構えて「春草堂」と称する塾を開いた。しかし、翌年には奚疑塾を去り、一時幕府の躋寿館《せいじゅかん》（のち医学館）で経学を講じたが、同七年には飢饉と打ち毀しの不安から上野国・下野国を放浪し、同年秋に再び江戸に戻り、駒籠・浅草・矢倉と住居を転々としながら学を講じた。文化八年（一八一一）に三州吉田藩主松平信明に見出され、世子信順《のぶより》の侍講となり、晩年の文政五年（一八二二）には加賀藩主十二代斉広《なりなが》に禄三百石で迎えられた。著書は実に一四三冊にも及び、最も評判が良かったのが、文化元年（一八〇四）に著された『九経談《きゅうけいだん》』である。現在、錦城の遺稿は加賀市指定文化財になっている。

東方芝山《ひがしかたしざん》

文化十年～明治十二年（一八一三～一八七九）

儒学者。大聖寺藩の藩儒東方蒙斎《もうさい》の長男で、幼い頃は父から漢学を学び、二十歳頃に金沢の儒者林蓀坡《そんぱ》に入門し儒学を学んだ。二十七歳頃には足が悪くその治療のため京都にのぼり、四条派の画家吉田公均《よしだこうきん》★の家に下宿して絵を学ぶとともに、書画の巨匠である貫名海屋《ぬきなかいおく》と儒学者の池内陶所《いけうちとうしょ》に書と詩文を学んだ。嘉永六年（一八五三）に藩校「時習館」の会頭助役に任官され、子弟の教育に独自の腕をふるった。その後、安政四年（一八五七）に江戸の朱子学者安積艮斎《あさかごんさい》に入門し、大槻磐渓《おおつきばんけい》・大沼枕山《ちんざん》・鷲津毅堂《わしづきどう》などと交わり、漢学・蘭学・砲術・詩文・海防などの知識を深めた。文久二年（一八六二）には十四代利鬯の要望に応じ、数人の藩士とともに藩政改革を建言し、明治元年（一八六八）に隠居した。翌年には再び議事役・文武学校総引請に任役され、藩校教育の大改革を断行し、洋学や西洋流の軍制を採用するとともに、優秀な生徒を東京・長崎・外国などに留学させた。また、会計寮・民政寮副主事を兼任し、製茶・絹・漆器・九谷焼などの振興を図り、永楽和全《えいらくわぜん》や宇治の茶

業師を招き、京都に商会を設立した。

渡辺卯三郎《わたなべうさぶろう》
天保二年〜明治十四年（一八三一〜一八八一）

医師。大聖寺藩士渡辺八百助の長男で、初め儒学を東方芝山に学び、のち金沢の蘭医黒川良安《まさやす》や丸岡藩医の橋本文範から蘭学を学んだ。嘉永元年（一八四八）に緒方洪庵の大坂適塾★に入門し、同六年に第七代塾頭になった。安政元年（一八五四）に適塾を止め帰郷し、同三年に大聖寺藩の藩医、翌年藩主の侍医となり、慶応二年（一八六六）には馬島健吉★とともに長崎に留学して医学を学び、同三年の帰郷後は陸軍省医官や藩校薫正館の洋学教授を務めた。明治四年には、金沢医学館の蘭医スロイスから蘭医の講義を受けた。同十三の金沢病院大聖寺分院

（旧加賀中央病院）の開院の際、胸部疾患を患っていたため、医院長に金沢の稲坂健吉を迎えて顧問となった。

石川嶂《いしかわたかし》
天保十年〜大正三年（一八三九〜一九一四）

勧業家。大聖寺藩士梅田専次の二男で、藩士石川立助の養子となり、はじめ漢学を東方芝山に学び、安政三年（一八五六）に江戸の古賀謹一郎に学んで渡米を計画したものの、藩に知られて禁足三カ月の処分を受けた。明治元年（一八六八）には琵琶湖に蒸気船を就航することを建言し、蒸気機関二組をイギリス人から購入して、翌年、大津の一庭《いちば》啓二らとともに日本最初の湖上汽船一番丸と二番丸を就航させた。また、同年には製鉄の必要を痛感し、金沢・大聖寺両藩の出

資により兵庫製鉄所（のち川崎重工業・川崎造船所）を設立した。廃藩後は工部省の勤務を経て、大聖寺商法会議所会頭、石川新聞総理、第三十五国立銀行顧問、神戸の海運会社専務取締役などを歴任した。

▼**樫田玄覚**　大聖寺藩医で、六四歳のときに『本草秘録』を著し、大聖寺藩の本草学の祖となった。

▼**山本北山**　江戸の儒学者で、安永四年（一七七五）に『孝経集覧』を著し、世に知られた。儒学のほか天文・兵学・道釈にも通じ、門弟も多かった。

▼**吉田公均**　越中国新川郡の出身で、安政年間（一八五四〜六〇）に京都御所の学問所の杉戸に「花車図」を描き、幕末には塩屋村の北前船主である西野小左衛門邸の座敷天井に「四季草花図」を描いた。

▼**適塾**　緒方洪庵が天保九年（一八三八）に大坂瓦町に開いた蘭学塾で、入門者は文久二年（一八六二）までに全国から六〇〇余人を数えた。

▼**馬島健吉**　大聖寺藩の藩医で、安政六年（一八五九）に大坂適塾に入門し蘭学を修め、明治四年（一八七一）には金沢医学館のスロイス教授の通訳兼教授となった。

これも大聖寺

大聖寺の名酒

本藩のあった金沢は、名水とよい米に恵まれた日本屈指の酒どころ。隣接する大聖寺藩領でも金沢に負けない名酒がそろっている。ここではその一部を紹介する。

獅子の里

松浦酒造

電話 〇七六一―七八―一一二五

江戸時代初期に肥前国松浦郡（現在の長崎県と佐賀県の一部）から移ってきて山中温泉で安永元年（一七七二）に酒造業を開始した老舗の酒蔵。「獅子の里」が看板銘柄である。「獅子の里」の名は、山中温泉に内湯がなかった時代、湯女たちが湯治客を山中温泉の中央にある「総湯」に案内していた。お湯につかっている間、湯女たちは湯治客の浴衣を頭からかぶって待っていたという。その姿が獅子舞の獅子に似ていたことから山中温泉の中心のことを「獅子の里」と呼ぶようになったことにちなんでいる。「獅子の里」は、純米大吟醸、超辛純米などの種類がある。

十代目

橋本酒造

電話 〇七六一―七四―〇六〇二

霊峰大日山から流れ出る清流と米どころならではの大粒酒造好適米から醸し出される美酒が自慢。二百年以上の歴史をほこる酒蔵で、熟練した杜氏たちが絶妙な味わいの酒を目指して酒造りをしている。

橋本酒造の代表的な銘柄は「十代目」と「大日山」。「十代目」は、橋本家の歴史の集大成ともいうべき純米大吟醸で、現在の当主が生み出した名酒。大吟醸、吟醸のほかに酒を寝かして熟成させた古酒もある。

もう一つの「大日山」は、精米歩合七〇パーセント以下の白米と米麹、水を使った澄んだ味わいの本醸造の清酒。

常きげん

鹿野酒造

電話 〇七六一―七四―一五五一

文政二年（一八一九）創業の酒蔵。蓮如上人に由来する名水「白水の井戸」を守り続けているからこそ、生み出される名酒。さらに代々この地域の庄屋を務め、地域の文化活動にも貢献していたことが、酒造りにも生かされている。

鹿野酒造といえば、「常きげん」。鹿野酒造を代表するこの銘柄は、粋人であった四代当主が、「八重菊や酒もほどよし常きげん」と詠んだことにちなんでいるという。

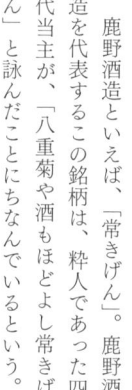

第二章 大聖寺新田藩と藩政の混乱

藩政中期に支藩の事件や政治抗争・百姓一揆などが頻発。

1 大聖寺新田藩の成立と廃藩

三代利直が弟利昌（采女）に新田高一万石を分与して大聖寺新田藩が成立した。しかし、新田藩祖利昌が上野寛永寺で大和柳本藩主織田秀親（監物）を殺害して切腹を命じられたため、大聖寺新田藩はわずか十八年間で廃藩となった。

支藩の創設

大聖寺藩では、藩祖利治と二代利明の治世に政治基盤の整備が進んだ。元禄五年（一六九二）に二代利明が死去し、その跡を三男の利直が継いだ。江戸で生まれた三代利直は、五代将軍徳川綱吉に寵愛され、大聖寺藩主となった後も江戸城の奥詰として長く江戸で過ごした。三代利直は藩主となった際、弟利昌に新田一万石を分与し、大聖寺新田藩が創設された。新田藩とは、開発した領地（新田）の分知により創設された支藩のことで、江戸時代にみられた分家創設の一つの形態であった。新田分知の形態には、①具体的な領地を指定して分知する場合、②領地を指定して分知するが、そこからの収入は本家から蔵米で支給する場合、③分与する領地を指定せず、収入のみを本家から支給する場合などがあり、大聖寺新田藩は③に属したといわれる。つまり、将軍との主従関係を示す領地朱印状は与えられず、あくまで大聖寺藩の内分分家《ないぶんぶんけ》として扱われたのである。

大聖寺新田藩の藩祖となった利昌は、通称を掃部《かもん》・采女《うねめ》といい、貞享元年（一六八四）に二代利明の四男として江戸で生まれた。元禄五年に兄利直から新田一万石を分与されたのは、九歳のときであった。将軍への初御目見は、同年七月十二日に行われた。藩祖利昌は、当初は江戸の大聖寺藩邸の中屋敷（下谷池之端七軒町）に居住していたが、同十六年に茅町と板橋に屋敷を得て移った。茅町の屋敷は邸内がかなり広く、日常、家臣三〇人ほどが居住していた。一方、国元の屋敷は、当初大聖寺城下北西の荻生村領にあり、のちに城下新町の毫摂寺《ごうしょうじ》跡に移されて「采女屋敷」と呼ばれた。

大聖寺新田藩の成立期間はわずか十八年間で、また政治機構が十分に整備されていなかったため、その治積はほとんど明らかではない。大聖寺藩の役人は、宝永三年（一七〇六）の覚書のなかで、「采女領は、当初支配する村々を定めることなく、村々の新田分を合わせて一万石としたため、幕府から御朱印は与えられなかった。この新田分は村々の本高に含められたもので、これを勘定して采女領へ納めることは大変難しく、采女領の役人が裁許できるよう内証で村分けをした。つまり、采女領には郡奉行が存在しないこともあって、采女領の村々を管理することが難しく、本家の了簡次第、蔵米一万石をもって采女領の収入とした。采女領はすべて本家の知行であり、諸事を本家の通りにすべきであるところを、当分の入用を本高格に準ずるものと役人に申出るなど、了簡違いをしている」と述べている。

つまり、大聖寺新田藩は、一万石を分与されたといっても、実際には大聖寺藩の収入から一万石分を与えただけで領地は定めず、また独自の行政機関ももたなかった。しかし、宝永元年には冨塚村次兵衛と分校村半助が采女領の十村となっており、この頃には采女領一万石の領地として荻生・弓波・冨塚・分校・矢田野村などが確定していた。また、同三年には采女領の十村両人が同領六カ村の免切（減税）を実施しており、廃藩の数年前には領地が確定し、本藩に準じた十村制度も成立したのである。さらに、同六年の藩祖利昌の死去に際し「采女様領地矢田野一万石」を幕府に返却していることから、その直前には矢田野九カ村（千八百三十一石二斗余）も采女領に加えられていたことがわかる。なお、采女領の十村二人は同元年の三代利直の初入部に際し、大聖寺藩の十村七人とともに加越国境の一里塚近くで利直の行列を迎えたものの、御肴の献上などは認められなかった。これまで、大聖寺新田藩は米沢新田藩・彦根新田藩・広島新田藩などと同様に、分与する領知を確定せず、収入のみを本家から支給されたと解してきたが、右の如く、領知が分与・確定されていた。

采女事件

この大聖寺新田藩の創設自体が大聖寺藩政を混乱させたわけではないが、藩祖利昌が引き起こした事件は、大聖寺藩に大きな衝撃を与えた。宝永六年（一七〇四）正月に五代将軍綱吉が死去し、その葬儀が上野寛永寺で行われた。このとき、藩祖利昌は新発田藩主の溝口重元、大村藩主の大村純尹《すみまさ》、秋田新田藩主の佐竹義《よし》長《なが》、大和《やまと》柳本《やなぎもと》藩主の織田秀親《ひでちか》（監物）の四藩主とともに、朝廷からの使者をもてなす御馳走役《ごちそうやく》を命じられていた。しかし、その法会が行われた二月一六日に藩祖利昌は乱心し、寛永寺の塔頭《たっちゅう》の顕性院《けんしょういん》において織田秀親を殺害したのである。藩祖利昌は朝廷方の使者を迎えるため馳走役らが着座したとき、秀親を書院の廊下の隅に呼び、一言二言話すや小刀で秀親の胸を突いたうえ、足で蹴り返し左肩や腰を斬った。近習の岡田弥市郎が異変を聞いて駆け付けたものの、蝋燭の火が暗くて弥市郎と分からなかったのか、誤って彼の肩を斬り付けた。事件の原因は不明であるが、秀親は織田信長の家系であることを誇り、利昌を青二才と侮っていたので、若い利昌はそれが我慢ができなかったといわれている。秀親も、利昌が上席にあったことを快く思わずにいたようだ。利昌は、殺害の数日前に「人をやっつけるには、斬る方がよいか、突く方がよいか」と、家老木村九左衛門に尋ねていたという。

利昌は、その場で切腹しようと考えたが、家老木村九左衛門の意見で、病気と偽り茅町の自邸に帰った。この報を聞いた兄の三代利直は大いに驚き、直ちに加賀藩や富山藩など前田家一族に報告した。やがて、加賀藩主五代綱紀、その子息の吉徳《よしのり》（のち六代藩主）をはじめ、富山藩主三代利興《としおき》、弟の前田利隆（のち四代藩主）、七日市藩の重臣前田孝始《たかはる》、七日市藩主六代利理《としただ》の父前田孝始《たかはる》、姉婿の水野忠周《ただちか》（信濃松本藩主）、従兄弟の本多忠直《ただなお》（大和郡山藩主）・本多忠周《ただちか》（幕府の旗本）、伯父の本多忠晴（幕府の奏者番兼寺社奉行）などが、次々に利昌の自邸に駆け付けた。同十六日正午過ぎには、幕府の大目付松平石見守、目付久留重左衛門・伊勢平八郎などが利昌邸に来て尋問し、夕刻に老中の奉書により利昌の身柄は山城淀藩主（六万石）の石川義孝邸に移された。

利昌は三代利直をはじめ前田家の一族に暇乞《いとまごい》の挨拶をし、家臣らの見送りを受けて自邸を出た。結局、利昌は石川邸に預けられたのち、十八日に切腹して二十六歳の生涯を終えた。大聖寺藩は、利昌切腹の通知を受け、同日夜に留守居菅谷平太夫・中沢久兵衛を石川邸に遣わして利昌の遺骸を処理し、翌朝には下谷広徳寺に葬られた（法号は真源院雄鋒紹機居士）。これほど早く利昌の葬儀が行われたのは、上野寛永寺で執り行われた五代将軍綱吉の正室（浄光院）の葬儀と重なるためであった。家老木村九左衛門は、利昌の葬儀日の夜に家臣藤田十郎右衛門とともに、利昌の墓前で髪を剃り落とし「道斉《どうさい》」と名乗った。

こうして、大聖寺新田藩は僅か十八年間で廃藩となった。領地一万石は、幕府に一時的に没収されたのち、同四月に大聖寺藩に返還された。突発的に起こった采女事件は、大聖寺藩の政治体制を揺るがすような大事件にはならなかったものの、家臣団の騒動を抱え混迷していた大聖寺藩政を不安定化させる一因になったのは間違いない。ちなみに、大和柳本藩は秀親が殺害されたため改易の危機を迎えたが、家老らが秀親を病死したことにして弟の成純《しげずみ》に襲封させ、明治四年（一八七一）の廃藩置県まで存続した。

前田利昌の墓
（東京都練馬区桜台広徳寺）

②政治抗争

三代利直が幕府の奥詰を長く務めていたこともあって、名門の家老神谷内膳と新鋭の家老村井主殿の政治抗争が長く続いた。この抗争は神谷内膳の家老職停止に始まり、村井派の弾圧（村井主殿事件）を経て神谷内膳の退藩により終息した。

神谷家と村井家

三代利直の治世には、大聖寺藩内で家臣の政争が表面化した。三代利直は五代将軍徳川綱吉との関係が強かったことから公儀普請代や交際費が増加し、財政はいっそう逼迫していった。財政難は家臣の困窮にもつながり、「元禄バブル」で生活に困った家臣の不満が高まったことが推測される。また三代利直は、ほとんど江戸に在住していたので、藩政は国家老を中心とした家臣に任せきりとなり、家臣の対立も生じやすい環境にあったといえよう。家臣の抗争の中心にあったのが、大聖寺藩の創設以来の名門であった家老の神谷守政《もりまさ》・守応《もりまさ》父子と、新鋭の家老の村井主殿《とのも》であった。両家の対立は、多くの家臣が加わる派閥争いに発展し、藩政を長く停滞させる要因になった。

神谷内膳の寄進灯籠（実性院）

神谷守政の父である神谷元易《もとやす》は、寛永七年（一六三〇）に加賀藩主三代利常から禄三千石を受け、同十六年に大聖寺藩が創設された際に附家老として大聖寺に着任し、明暦三年（一六五七）に死去した。同年に守政は、二十四歳で父の禄二千五百石を受けて家老となった。守政は二代利明と三代利直の命により、市之瀬用水の大改修や矢田野用水の着工、新川の開鑿や片野大池の掘抜工事、製紙業や製絹業、九谷焼や山中塗の振興など多くの功績を残した。

守政は元禄十四年（一七〇一）に隠居知五百石を受けて家督を長男伊織（のち守《もり》応《まさ》）に譲り、宝永三年（一七〇六）に七十三歳で死去した。守政の隠居には、三代利直が重用したライバルの村井主殿の策謀があったという。

他方、村井家については、村井長頼が加賀藩祖利家に仕えて天正十二年（一五八四）の末森合戦★で戦功をあげ、文禄元年（一五九二）に禄一万千二百石余を受けた。その弟の理兵衛の子である左近は、二代利長に仕えて禄二百石を受け、寛永十六年には藩祖利治に仕えて大聖寺に移住した。左近の二男である三淑《みよし》も藩祖利治に仕え、君側に侍して名を主殿《とのも》（初代主殿）と改名し、晩年に禄千石を受けて家老となった。初代主殿には子どもがいなかったので、妹の子である宮井覚太郎《みやいかくたろう》を養子に迎えた。覚太郎は二代主殿を名乗り、二代利明と三代利直に家老として仕えた。二代主殿は、槍術（正智流）や和歌・茶湯に優れ、とくに茶道には造詣が深く、たびたび茶会を催して三代利直をもてなし、三代利直の永年の夢であっ

▼末森合戦
豊臣秀吉方の前田利家が、天正十二年（一五八四）に徳川家康に呼応した佐々成政と加能両国境の羽咋郡の末森城やその付近で戦い、成政軍を撃退した合戦。

た川端御亭《かわばたおちん》（のち長流亭、国指定文化財）を宝永六年（一七〇九）十一月に建造したという。

なお、神谷氏の屋敷は大手先（旧加賀中央病院）にあり、下屋敷《したやしき》は現在の下屋敷の蓮光寺の隣にあった。村井氏の屋敷は、八間道から仲町に及ぶ広大なものであった。

村井主殿事件

神谷派と村井派の対立構造が大きく変化する事件が起きたのは、宝永七年（一七一〇）のことである。神谷守応は、元禄十四年（一七〇一）の父守政の隠居処置に対し、内心不満をいだきながらも、藩内随一の家老として職務を遂行していた。ところが、宝永二年に二代村井主殿の陰謀によって、守応は家老職を免ぜられ「大年寄」を申し付けられた。大年寄は「家老上座」と呼ばれ、家老の主席に位置したが名誉職に過ぎず、藩邸が火事でも出仕に及ばずということで、全く政治から遠ざけられた。この策略に対し、守応はもちろん、生駒・山崎・一色らの家老も大いに憤慨したが、二代主殿の勢威を恐れて誰も反対の意を示さなかった。二代主殿は、守応に続き、神谷派の梶原左太夫・松原嘉藤次・高橋十郎左衛門なども政治から退けた。

こうした情勢のなかで、宝永七年二月に村井主殿を中心とする村井派が一挙に切腹や追放を命じられた大事件が勃発した。同年二月十四日、上席家老の神谷守応、御目付の南部五兵次、御用人の原孫助・山本新蔵らは、登城した二代主殿を頭番所に連れていき、三代利直の上意書を読み上げた。上意書には、「二代主殿は恩を忘れて贅沢を極め、役儀を笠に着て家中の人々を無視し、格式を考えず気儘に同調者を重用し、後用金（予備金）まで持出し遊興に消費した」と記されていた。二代主殿は、密かに藩祖利治が父利常から配分された後用金を江戸に送って吉原で消費したり、藩が借入れた一万両のうち九〇〇〇両を京都の島原で三十五日間で使い果たしたりしていた。

守応らは、上意書を読み上げると、二代主殿を人持詰所（人持の待機所）に押し込め、その後間もなく家老の佐分舎人《さぶりとねり》宅で拘禁した。同時に、二代主殿の妻子や石黒市郎右衛門・西尾喜左衛門・広瀬源左衛門らとその妻子らは慶徳寺に預けられ、近親関係の八人は遠慮（自宅謹慎）を命じられた。こうした濫費がすぐに発覚しなかったのは、家老の山崎権丞・生駒源五兵衛・一色五左衛門らが後用金の入用時に認印を押さず、後用金を二代主殿が一人で勝手に捌いていたためであった。前年秋から暮れまで行った工事費が高額すぎるため奉行を取調べたところ、二代主殿の命による不正な金額の記載や濫費が発覚したという。

この件に関し三代利直は、加賀藩に処分の指令を仰ぐため、神谷守応を金沢に派遣した。数日後、加賀藩から処分がくだされ、二代主殿と子息覚太郎は切腹、御用人の石黒市郎右衛門と会所奉行の広瀬源左衛門は打首、西尾喜左衛門・宮井十兵衛・村田六郎右衛門ら六人は追放（領内から追い払うこと）、内田八郎右衛門ら四人を御暇《おいとま》（辞職すること）、そのほか二〇余人が御暇や追放に処せられた。石黒は、目付役として京都に同行しながら二代主殿と一緒に遊興した責任を、広瀬は、後用金を保管する土蔵奉行でありながら二代主殿に同調してその消費を助けた責任を問われたという。

神谷守応の退藩

村井派が後退した後、神谷派が勢力を強めた。ところが、正徳三年（一七一三）八月、江戸在住を終えた四代利章《としあきら》が大聖寺への帰国途中に金沢城へ就封の挨拶に出向いた際、上席家老であった守応は、金沢城の越後屋敷へ出頭を命じられ、そこで加賀藩の家老から家老職の免除と逼塞《ひっそく》（謹慎）を言い渡された。この背景には、少し前に江戸を出発していた加賀藩主五代綱紀が、越中国の魚津《うおづ》に宿泊中、大聖寺藩士の不穏な動きに関する報告を受けたことがあった。

当時、大聖寺藩内では守応に対する家臣の不満が高まっており、守応が帰国したら斬殺せよと意気まく家臣もいた。守応排斥の集会は、かつて守応によって斬殺に処された広瀬源左衛門の弟である岡崎権太夫宅で行われ、ここには、神谷派とみられていた野尻與三左衛門も加わっていた。この頃、守応は、拝借金の年賦返還や借知《しゃくち》（給料一部不払）を家臣に強制して総反対されており、村井派の岡崎権太夫らはその状況に乗じて一気に失地回復を企図したのである。

五代綱紀は、こうした事態を十分に把握していなかったものの、四代利章と打合わせ、守応を金沢に留まらせ、騒動を回避しようとしたのである。五代綱紀は大聖寺藩士らの守応排斥運動を糾弾《きゅうだん》し、家老の佐分舎人・生駒源五兵衛をはじめ主立った家臣を金沢城の越後屋敷へ召還して誓詞を出させた。さらに、正徳四年には本藩の家老の前田知頼《ともより》らを大聖寺に派遣し、家臣一同を訓戒した。しかし、根本的な問題は家臣の窮乏にあったため、去年の借知は大聖寺藩から家臣にすべて返済し、今年と来年の借知分についても各々半分、全部を返済すること、また家臣への貸付金は年賦・無利息にて返済させることで一件落着した。

なお、守応は金沢近江町の木村屋弥兵衛宅や味噌蔵町の大野木舎人屋敷などで謹慎していたが、正徳四年七月に赦免され、同五年九月に隠居して五百石を与えられ、享保二年（一七一七）に四十七歳で死去した。その子である守周は、父守応や妻子とともに金沢城下の借家で生活し、正徳四年十二月に加賀藩から家督相続を認められ、知行地千石を与えられている。

③ 百姓一揆

領内最大の正徳一揆は、村肝煎が中心になって藩士や十村に対峙する形で展開した。このほか毛合村事件や上河崎村豆田高事件など一揆未遂事件が起こった。領内でもしばしば饑饉が発生し奥山方の村々を中心に多くの餓死者が出た。

正徳一揆

財政難に苦しむ大聖寺藩の年貢の取立は、厳しいものであった。そのため米が不作になると、百姓一揆や打ち毀し、またその未遂事件が発生した。なかでも大きな一揆に発展したのが正徳一揆であった。

正徳二年（一七一二）八月十日、暴風雨が領内を襲い、同年の米収穫は例年より著しく減少したため、農民らは、大聖寺藩に対し何度も免切（減免）願を出した。そこで大聖寺藩は、九月十八日から大目付の堀三郎左衛門、郡奉行の守岡新右衛門と前川宇右衛門、郡目付の斎藤四兵衛と那古屋作左衛門らの役人、さらに目付十村の新四郎（右村）と文兵衛（小塩辻村）、組付十村の五郎右衛門（嶋村）・半助（分校村）・宗左衛門（保賀村）・清兵衛（山中村）・平野屋五兵衛（大聖寺町）・

次郎兵衛（片山津村）らに立毛見分★を行わさせた。しかし、減免はごく僅かであったため、不満をもった農民らが一揆を起こした。

農民らは、十月四日・五日夜に矢田野村の「福原《ふくら》の宮」（現刀何理神社）に集合し、立毛見分を行った役人を襲い強訴《ごうそ》する計画を立てた。翌六日の深夜、農民数百人が、役人と十村役が宿泊していた那谷寺の不動院と村肝煎の権四郎宅を襲い、公用の書類や家財道具を焼いた。役人五人は大功谷近くの三光院に落ちのび、このうち那古屋作左衛門が大聖寺藩邸に事態を報告した。残り四人は、翌朝、那谷村に戻ろうとするところを大功谷の小丘で農民らに包囲され、右村新四郎を中使いにして免切の集団交渉が行われた。数度の往復を経て交渉が行われた結果、農民らは「四分は年貢、六分もらい」（六割減免）の証文を役人らに書かせることに成功した。

事態を知った大聖寺藩は、七日朝、勘定頭の吉田庄市郎と宮部新兵衛、大目付の渡辺治兵衛を足軽三〇人とともに那谷村へ派遣し、那谷寺の花王院で一揆勢の村肝煎らと交渉に当たった。周囲には数千の農民が参集していたという。ここでも農民らは「四分は年貢、六分もらい」を役人らに確約させた。同時に農民側から、串村の茶問屋や大聖寺町の紙問屋の廃止が要求され、同日の夕刻、農民らは串村の茶問屋甚四郎宅を襲い、家財道具や商品を外へ放り出して燃やしている。

さらに八日朝、数千の農民が待機するなか、各村の肝煎により勅使村の願成寺

▼立毛見分
稲の作柄を検査すること。

那谷寺不動院（現金堂華王殿、小松市那谷町）

で評定を行った。村肝煎らは、①臨時の奉公人を停止すること、②種物の初穂を廃止すること、③串の茶問屋を廃止すること、④徳田屋の紙問屋を廃止すること、⑤新高免を廃止すること、⑥小沢免★を廃止することなどの要求項目を書き、輪の形に村名を列記し印形を捺した傘《からかさ》連判状を作成した。また、誰が詮議されても仲間の名を言わず、入牢者が一人でも出た場合には村々一人残らず大聖寺城下に集り、牢を破って救出し、火を放って攻めること、不参加の村を焼き払うことなどを申合せた。

その日の夜、農民らは山代村の元十村河原屋安右衛門宅や山中村の元十村堀口猪右衛門宅を打ち毀した。しかし、翌九日の昼に、農民らが大聖寺城下に押寄せて紙問屋兼塩問屋の十村平野屋五兵衛、山田町領の肝煎で評定に参加しなかった扇子屋三兵衛や徳田清兵衛などを襲撃するという風聞がたち、町人らは城下から避難し、裕福な者は家財道具を隠した。藩は十三日まで城下の入口を警備したが、打ち毀しは起こらなかった。また同日の夕刻にも、農民らが庄村の絹屋である餅屋彦右衛門宅や京屋茂左衛門宅、小塩辻村の十村鹿野源太郎宅と鹿野文兵衛宅、滝ヶ原村の肝煎善九郎宅などを襲撃する風聞がたち、郡内が騒然となった。しかし、鹿野源太郎宅と鹿野文兵衛宅に向かった農民らは、村肝煎らに説得されて解散したという。

その後、十一月九日に大聖寺藩は加賀藩との協議に基づき、十村一同を呼び出

▼小沢免
小沢三郎兵衛が手上免の後に増免したもの。

して「米はあり次第に納めよ、残りは御貸米にする」と申し渡したが、農民ちは四分六分という証文と違うと主張し、ほとんど上納しなかった。結局、大聖寺藩は十一月二十八日に、一万四千三百八十一石余の貸米と、免税二千五石余にするという旨の御触を村々へ出した。農民らは、不足米は一万千九百石余としていたから、ほぼ要求が受け入れられたといえよう。翌年春、藩は首謀者の検挙を行っているが、喧嘩・博奕・親不幸などを罪名とする別件での逮捕で、一揆の張本人とされた那谷村の肝煎権四郎も別件で逮捕されたという。

このように正徳一揆は、「山方八〇カ村は各家に一人宛、その他は十五〜六十歳の男残らず」と参加者を定めたり、不参加の村の焼き払いを決めたりするなどして村々が強制的に参加させられたために、全藩的な規模に拡大した。そして、この一揆は多くの一揆が失敗に終わっているのに対して、大聖寺藩が農民側の要求をほぼ認めるかたちで解決された。また、統制がとれていたため首謀者が発覚しなかったこと、活動の主体が一般の農民に限られたこと（十村は藩側に立ち、村肝煎は傍観的態度の者が多かった）、専売制の塩問屋や紙問屋・茶問屋・絹問屋・炭問屋などの廃止により、その後十数年間にわたって生産者から消費者への直接販売が行われた点でも注目される。

毛合村事件

安永九年（一七八〇）には、毛合村《けあいむら》事件（一揆未遂事件）が起こった。この年、稲の生育は順調であったが、盆の頃から「こぬか虫」が大発生して不作をまぬがれなくなったため、多くの村々が減免を藩に願い出た。大聖寺藩は、九月十日から二十二日に郡横目の河地千丞と筒井清太夫、目付十村の塚田源兵衛（山中村）と和田半助（分校村）、組付十村の宗左衛門（保賀村）、間兵衛（日末村）、平兵衛（山代新村）、鹿野小四郎（小塩辻村）らに見立★を行わさせた。しかし、減免の願いはかなえられず、代わりに八六カ村に対して御救米や奉行才覚米など計五千石の給付が申し渡されたものの、この額はあまりに少なかった。

十一月十八日、山代新村の十村である平兵衛は「ふしぎ成ル状」が近村に廻っていることを知り、その内容に驚いた。それは、中代・山代・桂谷・小坂・尾俣・菅生谷・塔尾・柏野など二九カ村の名を輪の形に書いた村送り状（廻状）で、「大不作のため年貢の皆済ができないので、二十一日から二十四日まで大聖寺城下へ出向き、藩の役所へ願い出ることにする。この情報がまだ届いていない村にはすぐ連絡してほしい。この状を村に留め置かず、早く村々へ廻すこと。速く、速く」と書いてあった。十村の平兵衛は早速、郡奉行へ届け出るとともに山中村

▼見立
稲の作柄を検査すること。

の十村である源兵衛にも知らせた。また、北浜でも前日から同じ風聞が立っており、郡奉行からその夜のうちに御用所にその旨が伝えられていた。十九日夜には、小塩辻村の十村である鹿野小四郎は、黒崎・片野・右・福田・細坪・熊坂・曽宇など二七カ村に廻った廻状の写と、馬場・佐美・菱輪・箱宮・二梨・下粟津・嶋など二四カ村に廻った廻状の写を郡奉行に届けている。

これをうけて、二十日、藩邸内の算用場において勘定頭・郡奉行・郡横目などが対策のため評定を行った。十村らの意見は、「正徳一揆のときは事前に農民の不穏な情勢があったが、今回はそれがみられないので大事にはならないだろう」ということであった。しかし、二十一日に月津興宗寺・打越勝光寺・庄勧帰寺・勅使願成寺などの不意の鐘を合図に一斉に蜂起するという風評が立ったので、藩は割場から足軽数十人を各村に派遣して釣鐘を取り外させた。

翌二十二日、十村らは廻状の出所をつきとめようと、廻状の廻り順を逆にたどってみたところ、動橋村小走り★（連絡係）の所へ毛合村長右衛門が投込んだことをつきとめ、長右衛門を逮捕した。二十三日に山中村の十村である源兵衛と山代新村の十村である平兵衛が、郡奉行の伊東小左衛門宅で彼を尋問したところ、毛合村の源六と津波倉村の嘉右衛門が張本人であることを白状した。翌二十四日、郡奉行二人と十村五人は、詮議場所を御宅役所から御算用場に移し、逮捕した長右衛門・嘉右衛門・富塚村甚兵衛などをさらに尋問した。二十五日には、中嶋村

▼小走り
各村の連絡係。

の三右衛門（源六の兄）と源六の妻子が役所に呼び出され、逃亡していた源六をはじめ毛合村の武兵衛や小走り権右衛門、肝煎の次郎右衛門、動橋村の小走り太郎兵衛らが逮捕された。

その結果、判明した廻状が執筆された経緯は次の通りであった。毛合村の源六は、年貢が納入できず、十月二十五日にその工面に出かけた帰りに津波倉村の嘉右衛門を訪ねて廻状の執筆を頼んだ。このとき、源六は嘉右衛門に執筆を断られたが、十一月十五日と翌十六日に毛合村の長右衛門とともに再び嘉右衛門を訪ねて頼み込み、十七日に廻状三通を受け取った。このうち二通を、その日のうちに動橋村小走りと毛合村小走りに渡し、もう一通を十九日に高塚村小走りに渡したという。

結局、一揆は未遂に終わり、毛合村の源六と長右衛門、津波倉村の嘉右衛門とその親子兄弟は、源六の妻子と大病の養父を除いて処分され、家財道具が没収された。彼らに対する判決は明確ではないが、源六は五年後の明和四年（一七六七）に破牢を企て、失敗して自殺している。また、動橋村肝煎の久兵衛、分校村肝煎の清三郎、作見村肝煎の治左衛門、川尻村肝煎の長四郎、梶井村肝煎の四右衛門、毛合村肝煎の次郎右衛門、高塚村肝煎の長左衛門らは、廻状の受け渡しに不審ありとして一時的な処分を仰せ付けられたが、毛合村の武兵衛と小走り、冨塚村の甚兵衛、動橋村小走り、高塚村小走りらは処分御免となった。

上河崎村豆田高事件

文政十二年（一八二九）五月には、上河崎村豆田《まめだ》高事件が起こった。この事件は、上河崎村の農民が、他村農民が耕作していた越高《こしだか》（懸作高《かけさくだか》★）の「豆田分」（百十石）という土地を取り戻したいと要求したことに対し、郡奉行が弾圧を加えたために起こった。

上河崎村の南、大聖寺川右岸には「大豆田村《まめだ》」（豆田村）という上河崎村の出村があった。しかし、度重なる大聖寺川の氾濫によって江戸前期に廃村となり、その後、上河崎村の農民が、大豆田村の神社を自村の神社に合祀し、その村高分を「豆田分」として耕作してきたという。文政十二年二月、上河崎村の肝煎は、数十年前から保賀・黒瀬・河南村の越高になっていた豆田高の取戻しを藩に願い出た。この豆田高の取戻し要求は、生活に困窮していた上河崎村の農民が黒瀬村の農民に同地を越高にした頃から始まり、これを不満とした上河崎村の農民は、豆田高を取り戻す願いを郡奉行に取り次ぐように何度も村肝煎に頼んでいた。しかし、村肝煎は、村が困窮のため藩から御救米を付与されていたことから、願いを取り次がないでいた。ところが、今年はどうしても取り次いでほしいと農民らが強く要求して説得に応じなかったので、村肝煎は仕方なく願い出た。

▼越高
百姓が他村に所持する高のこと。

そうした事情を知った郡奉行は、詮議中という理由で直ちに決定を下さずにいたが、農民らは何度も寄合を開き、五月上旬に来年取り戻すことを確約してほしいと願い出た。郡奉行は勘定所に報告したうえ、十村に勢い立った農民らを説得させようとした。しかし、農民らは「越高は村全体の問題なので、居村の農民が所持する豆田高も村方に差し出して処理する」と主張し、十村の指示に従わなかった。

農民らは、十村から願い出てもらっても願いが叶わないのであれば、直接奉行所に願い出るか、あるいは郡奉行に裁断を急がせるため田地に直ちに鍬入れするかなどと実力行使の相談を始め、事態は一揆寸前の段階にあった。

こうした状況下で、郡奉行は、勘定頭に断ったうえで御用番の家老である山崎権丞と密かに相談し、まず間者《かんじゃ》（スパイ）を使って様子を探ったのち、頭取らしき農民らを取り調べることにした。そして五月二十二日、郡奉行は、村肝煎・組合頭・十人頭七人・小農民六人の計一三人を役所に呼び出し、禁牢・手鎖りに処した。二十五日、小塩辻村の十村である鹿野小四郎が農民らを詮議したとき、数人の農民が「我々全員が藩の意向に従うことはできないが、村役人・十人頭が禁牢されては今後が心配なので、村役人・十人頭を出牢させ、役儀も取上げないと約束してもらえれば、納得書に爪印（爪判）★を押してもよい」と述べたので、鹿野小四郎は自分の責任で請け合い、農民らに爪印を押させた。郡奉行は鹿野小四

▼爪印
自署や花押・印章などの代わりに手の指先に墨を付けて捺印したもの。

郎の処置を受け入れ、上役に報告したうえで二十七日に禁牢の農民らを釈放した。この事件には、豆田高の取り戻しを切望していた一般農民と、御救米を受けている状況で取り戻し願いを出せない村役人との間に一定程度の対立があった。

天和元年（一六八一）の饑饉では藩から御救米が領民へ与えられたものの、当秋までに二五八七人の餓死者が出た。また、正徳二年（一七一二）や天明三年（一七八三）や天保七年（一八三六）の饑饉でも御救米が領民へ与えられたが、多数の餓死者がでた。いま、加賀市山中温泉今立町の畑中には、「天保八年亡霊、南無阿弥陀仏」と刻まれた石碑（三界墓）がある。これは同年の饑饉で村人七六人が餓死して家数七〇戸から二四戸に減少したことを悲しみ、餓死者を弔うため嘉永二年（一八四九）に村人らが建てたものである。今立村の人々は、天保の飢饉以来、八年間分の味噌を貯蔵したので、いつも黒くなったものを食べたという。

三界墓
（加賀市山中温泉今立町）

④ 城下の災害

洪水が頻発する大聖寺城下には、江戸後期から吉崎・塩屋・瀬越の三ヶ浦から救助船を出させた。また、火災時には藩邸や永町御蔵・福田町御塩蔵・実性院などへ藩士や小姓・足軽だけでなく、近村の農民を消防のため出動させた。

水害

百姓一揆や打ち毀しはそれほど頻繁に起きたわけではないが、それに比べると水害・火災などの自然災害や人的災害は、たびたび大聖寺城下や郡方を襲った。とくに大聖寺城下は低湿地にあり、そこを貫流する大聖寺川は大きく蛇行し、また三谷川・熊坂川・細坪川などの支流が合流したため、増水期には流速が鈍って洪水が発生した。

二代利明は、大聖寺川が大きく湾曲する鍛冶町と山田町の裏の「犀《さい》ヶ淵《ぶち》」という危険な場所をなんとかしてほしいという町人らの願書を受け、寛文十三年（一六七三）六月に犀ヶ淵を埋め立て、弁天社（現水守神社）から一直線に新川道を開鑿した。この普請は、人夫四六一三人、工費銀二九三貫九一〇匁、黒瀬・吸坂両村から伐採した川除松杭八〇〇本を使用し、約一カ月かけて完成した。また、延宝八年（一六八〇）には三ツ村に土堰を造り、元禄元年（一六八八）には永井村の石切場を切り開くなど普請を何度も行ったものの、城下の洪水は止まらず、藩邸もたびたび浸水した。そのなかでも天明三年（一七八三）七月の洪水は、少し高

大聖寺城下の水害

年　号	月日	事　　項
寛文11年（1671）	7.4	大聖寺大水
寛文12年（1672）	6.2	大聖寺大水、荻生橋落ちる
元禄14年（1701）	8.18	大聖寺洪水
享保８年（1723）	8.10	大聖寺洪水、20年来の洪水
元文５年（1740）	7.1	大聖寺洪水、門前まで舟往来
寛延 元年（1748）	6.5	大聖寺洪水
明和５年（1768）	5.29	大聖寺洪水、邸内の土塀崩壊
安永２年（1773）	7.11	大聖寺洪水、横北堰落ちる
天明３年（1783）	7.11	大聖寺洪水、耳聞山も浸水
寛政元年（1789）	6.7	大聖寺洪水、邸内浸水
寛政８年（1196）	6.2	大聖寺洪水、町家多数潰れる
文化４年（1807）	9.15	大聖寺洪水、邸内浸水
文化５年（1808）	6.27	大聖寺洪水、邸内浸水
文化８年（1811）	8.14	大聖寺洪水、邸内浸水
文化13年（1816）	6.19	大聖寺洪水
文化13年（1816）	6.4	大聖寺洪水
文政３年（1820）	6.8	大聖寺洪水、邸内浸水
文政８年（1825）	6.14	大聖寺洪水
弘化４年（1847）	4.10	大聖寺洪水、邸内浸水
嘉永元年（1848）	8.27	大聖寺洪水
嘉永２年（1849）	4.15	大聖寺洪水
安政６年（1859）	7.26	大聖寺洪水
万延元年（1860）	11.28	大聖寺大水
文久３年（1863）	5.20	大聖寺洪水、城下の半数浸水
慶応２年（1866）	8.6	大聖寺洪水

※『大聖寺藩史』『加賀市史』『加賀市史料』などにより作成。

地になっていた耳聞山（中堅藩士の居住地）を含む城下の大半を浸水させ、町家四五戸を倒壊させた。

こうした水害に対し、藩は享保十三年（一七二八）に吉崎村から四艘、塩屋村から六艘、瀬越村から五艘の救助船を出させて、御門前・新橋・福田橋・永町・荒町・観音町・中町などの要所に配備することにし、天明三年には二二艘に増加した。

火災

一方、大聖寺城下では火災も非常に多く、とくに元禄六年（一六九三）七月の火事は被害が大きかった。この火事は藩士の内田八右衛門宅の燈籠より出火し、家老の生駒屋敷を経て馬場から藩邸に延焼し、また藩邸から城下中心部を経て上福田までを焼く大火となった。また、宝暦十年（一七六〇）には、中新道の足軽宅から出火し、大火となった。折からの南西の烈風で焼失家は一二五二戸に及び、城下の大半を焼失した。このほか、享保十四年（一七二九）四月、宝暦八年二月、寛政八年（一七九六）四月にも一二〇〇〜四〇〇戸を焼失する火災が発生した。

藩は元禄・宝永期（一六八八〜一七一一）の大火を教訓として、享保三年に大井《おおい》市正《いちまさ》を火消兼役に命ずるとともに、火災が発生した際には藩士・徒士が火事装束で藩邸に、足軽・小者が割場に出動する体制を整備した。また、近郷の村々からは割場に一一〇人（上福田・熊坂・長井など五カ村）、実性院に六四人（右・奥谷など三カ村）、御算用場に三六人（南郷・岡・敷地など四カ村）、永町御蔵に一四六人（南郷・上河崎・下河崎・大菅波・山田など一一カ村）、福田町塩蔵に六二人（下福田・極楽寺など三カ村）、敷地橋・福田橋に二〇人（弓波・冨塚両村）、火元に一七七人（山代・黒瀬・中代・保賀・加茂など一一カ村）、敷地天神に二〇人（吸坂・下河崎など五カ村）、那谷寺に五〇人（瀧ヶ原・二梨など六カ村）、山中御蔵に五〇人（下谷・菅谷など四カ村）、串御蔵に六〇人（串・村松など四カ村）を駆け付けさせる制度も整えた。なお、藩は享保十二年から被災者に対し救護米を支給し、家屋の建造材として松木数本を下付するようになった。藩邸に類焼した際、藩主一族の火難場所は、藩邸から大聖寺川を下った荻生村の稲荷神社であったという。

ちなみに、江戸藩邸では上屋敷が天和二年（一六八二）、元禄十六年（一七〇三）、享保十五年（一七三〇）、元文三年（一七三八）、文政八年（一八二五）などに、中屋敷が元禄十六年、享保十五年、明和八年（一七七一）、安永元年（一七七二）、寛政十三年（一八〇一）などに、下屋敷が正徳二年（一七一二）、享保六年、安永九年、文化十年（一八一三）などに火事や類焼により焼失した。

これらのほか、大聖寺城下は数多くの大風や地震に見舞われ、大きな被害を受けた。大風では正徳二年、宝暦十三年（一七六三）、文化四年（一八〇七）、慶応二

大聖寺城下の火災

年　号	月日	事　項
元禄６年（1693）	7.14	大聖寺大火、焼失戸数不明
享保14年（1729）	4.29	大聖寺大火、焼失400戸余
宝暦８年（1758）	2.20	大聖寺大火、焼失200戸余
宝暦10年（1760）	2.7	大聖寺大火、焼失1252戸
安永２年（1773）	3.1	大聖寺火災、焼失49戸
安永２年（1773）	8.7	大聖寺小火、焼失９戸
安永３年（1774）	10.5	大聖寺火災、焼失88戸
寛政８年（1796）	4.6	大聖寺大火、焼失120戸余
享和２年（1802）	12.1	大聖寺火災、焼失戸数不明
文政11年（1828）	3.24	大聖寺小火、焼失４戸
天保元年（1830）	5.3	大聖寺火災、焼失30戸余
天保２年（1831）	10.8	大聖寺火災、焼失23戸
天保５年（1834）	3.2	大聖寺小火、焼失７戸
天保８年（1837）	3.26	大聖寺火災、焼失16戸
天保11年（1840）	4.17	大聖寺小火、焼失２戸
嘉永元年（1848）	5.18	大聖寺火災、焼失21戸
安政６年（1859）	7.13	大聖寺火災、焼失20戸余
万延元年（1860）	10.14	大聖寺火災、焼失24戸余

※『大聖寺藩史』『加賀市史』『加賀市史料』などにより作成。なお、山中村では寛政８年（1796）に戸数86戸、文化５年（1808）に115戸を、塩屋村では文化元に戸数100戸余、明治４年（1871）に110戸を、串村では天保２年（1831）に戸数100戸余、万延元年（1860）に100戸余を焼失した火事があった。

年（一八六六）の大風で、地震では寛永十七年（一六三九）、宝永四年（一七〇七）、寛政十一年（一七九九）、文政二年（一八一九）、安政五年（一八五八）の地震で被害が大きかった。とくに、寛永十七年の地震では震源地が大聖寺付近であったため、前年から建築中の藩士らの居屋敷や町人の家屋がほとんど倒壊し、夥しい死傷者がでた。

第三章　産業の発展と人々の暮らし

江戸後期の領内の諸産業と人々の暮らし。

1 領内の産業

改作法の精神である自給自足を原則として展開した産業は十分に成熟せず、新産業もほとんど生まれなかった。こうしたなか、九谷焼・山中漆器や北前船はかなり発達し、とくに九谷焼と山中漆器は現在に受け継がれる産業となった。

農業

正保三年（一六四六）の『加能越三箇国高付帳』によれば、大聖寺藩領（越中国新川郡七カ村分を除く）の本高は六万五千六百九十七石余であり、この内訳は田地が四万八七〇六石余（約二八六五町歩）で、畑地が一万六千九百九十一石余（約一四二五町歩）であった。田地率は領内平均が七四パーセント、行政組の北浜が六九パーセント、奥山方が三六パーセントであり、西ノ庄の橘村、奥山方の上新保村や真砂村などには田地がなかった。

弘化元年（一八四四）の『加賀江沼志稿』によれば、領内の村々では、江戸後期に早稲《わせ》として次郎谷わせ・京わせ・長屋わせ・かけわせ・源兵衛など三三種が、中稲《なかて》として衣川・ひかま・うねだ・わさくさ・北国など四六種が、晩稲として皆済・巾着・森田・赤穂・茂右衛門など一三三種が、餅稲として黒餅・赤餅・犬の腹・いん明寺・志村餅など四二種が栽培されたものの、作付の割合は明確でない。何種類もの稲を栽培したのは、自然災害に対応するためであり、農民は土質や気象を考えて品種を組み合せて作付した。

畑作では、江戸後期に雑穀として大麦一九種、小麦七種、稗《ひえ》二八種、粟六二種、黍《きび》二〇種、蕎麦《そば》二種、大豆五六種、小豆一九種、紅豆《べにまめ》一二種、あへ穂八種などが、野菜として芋九種、茄子《なす》九種、大根一五種、人参《にんじん》二種、瓜《うり》八種、南瓜《かぼちゃ》一〇種、冬瓜《とうがん》三種、瓢《ひさご》四種、蕪菁《かぶら》九種、胡麻《ごま》二種などが、商品作物（換金作物）として油菜（菜種）一四種、木綿《もめん》四種、荏《え》二種、麻《あさ》四種などが栽培されたものの、作付の割合は明確でない。畑作物は主に自家消費用であり、大麦・小麦・大豆・小豆・稗・粟・黍・蕎麦などは米に混ぜて食べたり、米の代わり（主食）に食べた。天明四年（一七八四）の『秘要雑集』によれば、領内の農民は安永期（一七七二〜八一）から一日に一度の米を食べるようになったものの、これ以前は日常に稗を粉末にして食べることが多かったという。なお、奥山方の村々では江戸後期に至っても水田の補助耕作として薙畑（焼畑）を行い、一年目に蕎麦、二年目に粟、三年目に大豆・小豆・芋、四年目に粟・芋、五年目に小豆・芋などを栽培し、六年目以降は薙畑地を十五〜二十年ほど放棄していた。

商品作物では油菜・荏・麻などのほか、四木《しぼく》の桑・楮・漆・茶などが栽培され

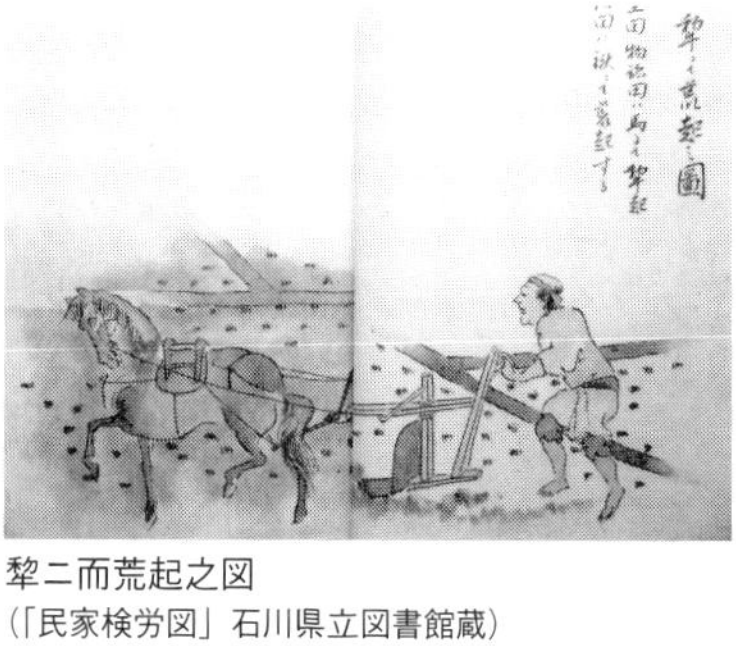

犂ニ而荒起之図
（「民家検労図」石川県立図書館蔵）

たものの、茶の栽培を除けばそれほど盛んではなかった。油菜・荏は大聖寺城下の油問屋に販売され、そこで菜種油（種油）・荏油に製造された。麻は各村で麻織物にされることが多く、その余剰分は大聖寺城下の問屋へも販売された。里方・浜方の村々では、江戸中期から二毛作（二度作）も行われた。田地では稲の刈跡に麦類・蕎麦が、畑地では稗・粟・六月豆などの刈跡に小麦・大根、大角豆・粟などの刈跡に蕎麦、蕎麦の刈跡に油菜などが多く栽培された。

北陸地方の農業技術は、江戸前期に播種量が厚蒔から薄蒔へ、植苗が大株から小株へ、荒起（粗起）・植代掻が鋤から鍬《くわ》へ、中耕・除草が回数増へと変化した。加賀藩では江戸中期に改良農具や金肥《きんぴ》が導入・普及し、多肥・集約的な小規模経営の自立農業が成立したものの、大聖寺藩では同期に千歯扱《せんばこき》・備中鍬《びっちゅうぐわ》（三本鍬）・土臼《つちうす》（籾摺用具《もみすり》）・千石簁《せんごくどおし》（選別用具）など改良農具の使用も浸透せず、小規模経営の自立農業が十分成立していなかった。

宝永四年（一七〇七）の『耕稼春秋』★によれば、田畑の肥料では真糞《まごえ》が最もよく、これに壺土《つぼつち》・踏土《ふみつち》・厩肥《きゅうひ》・油粕《あぶらかす》・灰・魚肥《ぎょひ》・干鰯《ほしか》などが続いた。真糞は人糞（下肥《しもごえ》）であり、主に基肥《もとごえ》に用いた。大聖寺城下の町人は享保期（一七一六〜三五）に自家の入口に小便桶を埋めて置き、その尿を農民に汲み取らせ、代価として米や野菜を得た。これは夏季にあまりにも悪臭を強く放ったため、明和四年（一七六七）頃に廃止されたという。壺土（坪土）は深さ八寸（約二五センチメート

▼耕稼春秋
加賀国石川郡御供田村（現金沢市神田）の十村土屋又三郎の著書。

ル)、長さ一〇間(約一八メートル)ほど壺を掘り、その中に芝土を入れ、翌年の彼岸後に真糞・馬糞を入れて発酵させたもの、踏土は剝ぎ取った芝を土に藁を混ぜた上に広げ、灰・塵・芥・厩肥などを散らし雨日に馬に踏ませ、彼岸頃によく乾かしたもの、厩肥は厩舎を少し掘り下げ、藁・草・飼料の食べ残し・馬糞尿などを馬に踏ませたものである。厩肥は江戸中期以降、小規模経営の自立農業が成立するなかで、次第に減少していった。油粕は菜種・大豆・綿実・亜麻・荏・落花生などを油に搾った残り粕、灰は草木灰、干鰯は鰯を半乾したものである。

干鰯・鯡肥《にしんごえ》は安価で、茶・菜種・煙草などの商品作物の栽培に適したため、文政期(一八一八〜三〇)から領内の村々に普及した。干鰯は農民が屎物《こえもの》商人から塩屋・田尻・小塩・塩浜・伊切・浜佐美村など浜方の鰯を購入したもので、生肥《なまごえ》に近い形(半乾かし)で使用された。鯡肥は北前船で蝦夷地(北海道)から塩屋湊に移入されたもので、屎物商人によって領内の村々に販売された。このほか、領内の村々では蒸肥《むしごえ》(蒸土)・草肥《くさごえ》(蒸草)などの自給肥料が使用された。なお、畑作地の中和剤として使用された石灰《せっかい》は、江戸後期に日谷・細坪・北原・吉岡・熊坂・橘村などで生産されたものの、領内産だけでは不足したため、加賀藩の大野湊からも移入したという。

林業

幕府や諸藩の山林は、御林山・御留山・御立（建）山・御直山などと呼ばれる官有林（藩有林）と、百姓持山・百姓稼山・百姓林・百姓自分林などと呼ばれる民有林とに大別された。官有林は主に城下を中心とした建築土木用材や罹災者救済用材、民有林は田畑肥料・家畜飼料や家作材・薪炭材の供給地に利用された。

大聖寺藩では加賀藩同様に藩有林を御林山と称していたが、領内には松木が多く生立していたため、明暦四年（一六五八）頃から「松山」（松御山・御山）と称した。御用材は多くが越前国の三国湊や加賀国の宮腰湊を経由して購入した東北の南部材・津軽材・秋田材や蝦夷地の松前材であり、これらは堀切湊（塩屋湊）に移入されたのち川船で御河道（織部河道）まで運び藩邸内の御材木蔵に備蓄された。古くは領内の奥山方から木材を川流し、大聖寺城下の木呂場で陸揚げして御用材に利用したという。火事・洪水・大風・地震などの罹災者は、御算用場から松山の松・杉・槻など七木が下附された。文政十三年（一八三〇）には大聖寺永町の火事罹災者へ一戸宛松木五～七本を、安政二年（一八五五）には直下村の火事罹災者へ一戸宛松木三～五本を支給している。

領内には藩有林の松山のほか、「御藪《おやぶ》」と称する藩有の竹藪が二カ所あった。

一カ所は領内第一の山代御藪であり、二代利明が寛文五年（一六六五）に唐竹（真竹）・苦竹（女竹）・矢竹などを植栽したものという。ほか一カ所は藩邸の北西、大聖寺川沿いにあった向御藪であり、江戸後期に唐竹・苦竹を多く植栽したものという。山代御藪は、江戸後期に見定寺《けんじょうじ》御藪（四万一二六五平方メートル）、山王御藪（二万一一一四平方メートル）、立石御藪（一万五八三四平方メートル）、煙硝御藪（四万四〇九一平方メートル）、龍宮院御藪（一万六四三四平方メートル南北一一七間、東西三六間）の五藪から成っており、前者の三藪を「上藪」、後者の二藪を「下藪」と称した。立石・煙硝・龍宮院御藪には番卒二人が十年交代で置かれ、毎年三月に一人宛銀二匁が支給された。山代村の大野屋文蔵は文政期（一八一八～三〇）に龍宮院御藪の半分を開畑し、また小塩辻村の十村である九代鹿野小四郎は天保期（一八三〇～四四）に龍宮院御藪など百石余を開田したという。御藪の唐竹は主に土木建築材、苦竹は砂防垣材、矢竹は弓矢や鳥指竿に利用された。

松山・御藪の管理は、主に松奉行—足軽山廻（松山廻）の系列で行われた。松奉行（二人）は元禄八年（一六九五）に山奉行を改称したもので、同年から用水奉行・植物方を兼務した。その主要業務は、①松木の取締り、②風折・雪折など損木の入札払い、③植林の奨励、④神木・墓松など拝領木の取扱いなどであった。足軽山廻（四～六人）は、松山・御藪および加越国境を巡回して盗伐者の逮捕に当たった。

　民有林の百姓持山は一般に「雑木山」とも称したが、その利用面から「林山」(松山)「はへ山」「杪山」「柴山」「草山」「むつし」などとも称した。林山は松・杉・槻・欅など七木を中心に家作・道橋作材を伐る山、はへ山は薪炭材を伐る山、杪山は杪を伐る山、柴山は柴（小雑木）を伐る山、草山は萱・笹・草などを刈る山、「むつし」は薙畑用地のことである。領内一三四カ村には、正保三年（一六四六）に松山が六五カ村、はへ山が一〇カ村、杪山が二二カ村、柴山が二二カ村、草山が四一カ村、「むつし」が二〇カ村にあった。百姓持山を持たない浜方村落では、請山と称して山方村落から山林を年季で借り受けた。林産物の小物成銀中、大半を占めた山役は三谷・山中谷・荒谷の村々が高く、薪炭を多く生産していた。享和二年（一八〇二）には山中谷が杪九八六束、荒谷が六七七束、三谷が三九七一束を生産し、藩や藩士および大聖寺城下の町人へ販売していた。杪百束の値段は元禄期（一六八八～一七〇四）に山中谷が六匁四分、荒谷が七匁八分、三谷が五匁八分で、安政四年（一八五七）に山中谷が八匁九分五厘、荒谷が九匁八分八厘、三谷が八匁一分三厘で、三地区において杪代が異なっていた。一方、木炭は享和二年に奥山方の八カ村で堅炭六六二八貫七百目と半堅炭一九一二貫七百目が生産され、藩や藩士および大聖寺城下の町人へ販売されていた。

　御用炭十貫目の値段は、元禄期（一六八八～一七〇四）に堅炭が二匁五分、半堅炭が二匁で、宝永元年（一七〇四）に堅炭が三匁、中堅炭が二匁八分で、明和六

堅炭焼図
（「民家検労図」石川県立図書館蔵）

年（一七六九）に堅炭が三匁四分、中堅炭が三匁であった。ともあれ、奥山方の村々からは、江戸末期に御用炭が年間四、五万俵ほど生産されという。

大聖寺藩でも加賀藩同様に七木制度（留木制度）を実施しており、農民は百姓持山に生立する松・杉・檜・槻・欅・桐・唐竹の七種ついて自由伐採が禁止された。陶工師は燃料用の松木を近村から購入することが許可され、塩師は燃料用の塩木に松木の五〜七階以下の下枝を落とすことが許可された。猟師は浮子《うき》用の桐を伐採することが許可されず、それを越前国の三国湊から移入して利用した。日谷村市右衛門は、寛文五年（一六六五）に自村の松山から松木を盗伐し、足軽山廻によって逮捕され、吸坂《すいさか》村口で磔刑に処せられた。その後、松木など七木（禁木）の盗伐者は、享保期（一七一六〜三六）から科料（罰金）だけを徴収されるようになった。

九谷焼

江戸時代には各地で様々な産業が発展し、インフラ整備の進展により商品流通も盛んになった。また、各藩の奨励にも支えられて、三河の木綿、山城の茶、出羽の紅花《べにばな》のように産地が形成された。大聖寺藩では、財政難を潤すほど発展した産業は北前船を除いてみられなかったが、後に全国的に有名な商品や現在に受け継がれている特産品が生まれた。

　現在でも人気の高い九谷焼は、明暦期（一六五五〜五八）に藩祖利治の命により後藤才次郎が開窯したといわれている。才次郎は、寛永十七年（一六四〇）頃に藩祖利治に仕えて金沢から大聖寺に移り、鉱山奉行の土田清左衛門とともに九谷村に居住し、山師の責任者として九谷金山の開発を行った。このとき、才次郎は九谷村領に陶石を発見し、藩祖利治の命により磁器製造に取り組んだものの、陶芸の知識が乏しく、思うような製品はできなかった。そのため、才次郎は藩祖利治の許可を得て京都から田村権左右衛門を招き、九谷村で色絵磁器の開発に努め、苦労の末、田村権左右衛門が明暦元年に初めて花瓶一対を焼き上げ、それを九谷の三柱神社に奉納したという。また一説には、二代利明が才次郎を肥前唐津に派遣し、磁器の技法を習得させたともいう。なお、開窯時期については、承応二年（一六五三）の銘をもつ製品がみられ、承応期（一六五二〜五五）に遡って開窯された可能性もある。

　九谷焼は大聖寺藩の保護を受けた御用窯であり、有田焼の影響を受けた白磁・青磁・青白磁の御用品（贈答品）が中心で、日常品（雑器）は少なかったという。一号窯は三四メートル余の連房式登窯、二号窯は一〇メートル余の連房式登窯で、ともに年間二回の火入れであったという。その後、九谷焼は元禄期（一六八八〜一七〇四）に加賀藩主五代綱紀と三代利直の命により「制禁」をもって閉窯され

古九谷色絵孔雀図平鉢
（本善寺所蔵　石川県九谷焼美術館保管）

たという。それまでの時期に作られた磁器は「古九谷」と呼ばれ、大胆なデザイン、紫・緑・黄を主調に紺・赤を補色とした色調などを特徴とし、高く評価されている。なお、京都御菩薩池《みぞろ》の陶工久保次郎兵衛が、貞享二年（一六八五）と元禄十三年に吸坂村で焼いた「吸坂焼《すいさかやき》」も九谷焼とする研究者もいる。

こうして突然閉窯された九谷焼は、それから百年以上後に再興されることになった。大聖寺町人の四代吉田屋伝右衛門は、九谷焼を再興しようと長男の五代伝右衛門とともに、文政六年（一八二三）に加賀藩営の若杉窯（能美郡）の陶工粟生《あお》屋源右衛門《やげんえもん》を招き、九谷村で吉田屋窯を開いた。しかし、積雪期間が長く物資の運搬が不便であったために、吉田屋窯は同八年に大聖寺町人の米屋次郎作の協力を得て、江沼郡中野村（山代出村）に移された。吉田屋にとって吉田屋窯の開窯は、家業の再興策として位置付けられており、五代伝右衛門は、陶石・陶土を九谷や佐野から、燃材の薪を中野村から購入して陶器の生産を開始した。製品は、古九谷青手様式に倣って草花・山水・人物などが緑・黄・紫・紺・青の色釉《いろゆう》で塗られた雑品（鉢・皿・徳利《とっくり》・水指《みずさし》）が多く、裏面に「角福」の印が色釉で描かれている。

だが、六代伝右衛門の頃には経営が悪化し、天保三年（一八三二）に負債を返済できないまま、窯は番頭の宮本屋宇右衛門へ譲渡された。宮本屋窯は赤と金彩による細密な「赤絵金襴手《きんらんて》」（八郎手）を大成して人気を博した飯田屋八郎右衛門が嘉永元年（一八四八）に死去して急激に衰退し、万延元年（一八六〇）には藩の産物方に売却された。その後、産物方が再興した九谷本窯は、同時期に開窯した松山窯や木崎窯とともに九谷焼を現在に継承する役割を果たした。

山中塗（山中漆器）

石川県には、金沢・山中・輪島《わじま》の三つの漆器産地がある。大聖寺藩内で発展した山中塗（山中漆器）は、「木地の山中」と呼ばれたように、木地・塗り・蒔絵の各工程のなかでも、とくに木地挽物技術に独自性をもっている。

この山中塗は、寛文期（一六六一〜七三）に大聖寺川最上流にあった江沼郡真砂《まなご》村の木地師数人が、栃・橅《ぶな》・欅《けやき》などの木地原木が減少したことから、山中温泉の薬師下に移住したことが始まりといわれている。山中塗は湯治客への土産物として多く作られるようになり、正徳五年（一七一五）頃には総湯（共同浴場）から医王寺に続く薬師道に土産店が並び、木地製品が販売されていた。

しかし、販路の拡大に伴って新技術の導入や技術改良が必要になり、会津・京都・金沢などから技術が導入された。宝暦期（一七五一〜六四）には「栗色塗」「朱溜塗」と呼ばれる塗物が開発され、さらに文化・文政期（一八〇四〜三〇）には表面に細かい筋を付ける加飾技術や蒔絵《まきえ》の技法が開発された。販路は寛政期（一七八九〜一八〇一）に京都・大坂へ、天保期（一八三〇〜四四）に名古屋へ拡大

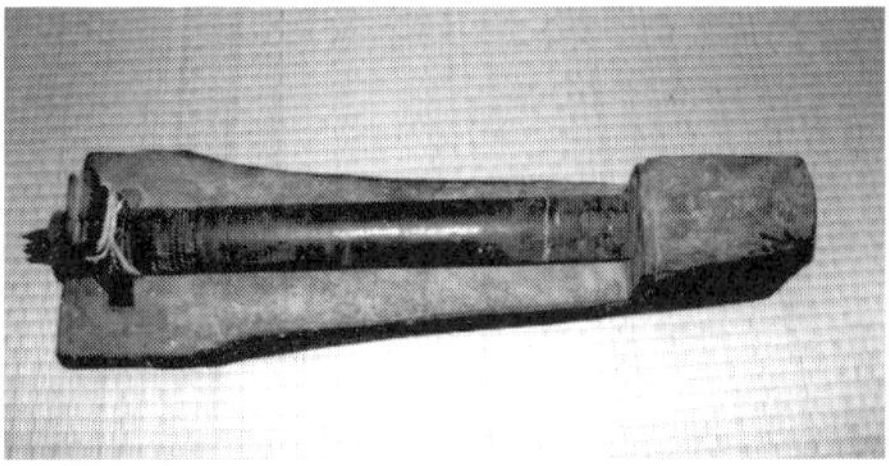

木地轆轤（加賀市山中温泉芭蕉の館蔵）

し、幕末の慶応期（一八六五〜六八）には、藩が漆器会所や物産会所を大聖寺城下に設置したこともあって輪島塗よりも早く長崎や江戸に及んでいる。湯宿を兼営する漆器問屋は、天保の飢饉後に大聖寺城下に漆器問屋兼販売店を置いて販売に努めたので、漆器の販売額が饑饉以前に回復した。現在も、旧山中道の入口付近（現加賀市大聖寺永町）に、安政五年（一八五八）に山中漆器商人らが建てた道標を見ることができる。

漆器生産に不可欠な木地原木には、橅《ぶな》・栃・欅《けやき》・桑・槐《さいかち》・朴《ほお》・桐・栂《つが》・梅・柿など約二〇種の木材が使用された。乾燥の少ない橅は杓子類、割れが少なく光沢のある栃は鉢物類、木目が美しく艶のある欅・桑は茶器類・盆類に用いられた。その消費量ははっきりしないが、少なくとも年間四五〇〇〜五五〇〇本を必要としたという。江戸後期になると、木地原木は領内の村々だけでなく、越前国など他国の山林からも伐採された。たとえば、安政五年（一八五八）から万延二年（一八六二）の頃に、山中村の文次郎や喜三七・喜七郎・甚七・孫四郎らは、越前国今立郡の山間部で椀類・皿類・盆類の木地原型を製造していた。彼らは今立郡の村々から木地山を借受け、数年間にわたって木地製品の原型を製造し、加越国境の風谷峠を越えて山中村へ運搬していた。なお、漆は文政期に領内の漆掻き一六人と越前の漆掻き数十人から購入されたという。

北前船

北前船とは、北国の船で日本海から瀬戸内を通って大坂・兵庫に廻航する買積《かいずみ》船《ぶね》（各地で商売する船）で、瀬戸内や大坂で呼ばれた名称である。近江商人★は江戸前期に蝦夷地《えぞち》（北海道）との交易に北国船を用い、その船頭や水主《かこ》に同中期から加賀・越前・能登国の人々を多く雇った。その後、近江商人の船頭から独立した橋《はし》立《たて》・瀬越《せごえ》・塩屋村などの大小船主らも、きそって蝦夷地―大坂コースに就航するようになった。橋立に近い小塩村では、寛政三年（一七九一）頃に漁民が塩屋・瀬越村同様に北前船の水夫に多く転職したため漁業が衰退したという。北前船は江戸末期まで一枚帆の弁才船《べざいせん》が多く、逆風に弱かったためよい風がくるまで「風待ち」となった。風がよければ塩屋から松前まで二週間で行くが、悪ければ一カ月も二カ月もかかった。北前船は冬期間、良港のない郷里をさけて、大坂湊にあった三軒屋《さんげんや》の専用船囲場に碇泊《ていはく》した。

寛政八年（一七九六）の「船道定法之記《ふなどうじょうほう》」によれば、橋立・小塩村には四二人の北前船主がおり、同業の仲間組織として「船道会《ふなどうかい》」を結成していた。北前船の有力船主には、橋立の西出孫左衛門・久保彦兵衛・酒谷長平・増田又右衛門、塩屋の西野小左衛門・西野小右衛門・浜中八三郎・亀田吉右衛門、瀬越の広海二三

▼近江商人
近江国出身の商人で、中世に行商人として諸国に進出し、江戸時代には江戸・大坂・各地に出店をもち、各種の産業発展に努めた。

船絵馬真艫図
（瀬越町白山神社蔵）

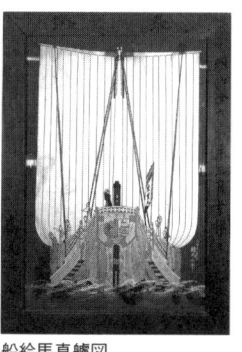

郎・大家七兵衛・角谷甚右衛門などがおり、西出・久保・酒谷・増田・浜中・広海・大家らは、明治以降、全国的にみても有力な資産家として活動した。

北前船主は、畿内から下関を経由して北海道へ向かう下り荷として塩や酒・綿などの生活用品を、北海道・東北・北陸から畿内へ向かう上り荷として主に海産物を取り扱い、途中一〇〇以上にも及ぶ寄港地で販売した。酒谷家の幸長丸は、文久三年（一八六三）に蝦夷地行の下りで一〇五両の利を、大坂行の上りで九三二両の利を得ており、支出分の船中雑用二一七両余を差引くと、八三一両の利益となった。なお、北前船の造船費は千石積が約一〇〇〇両、その寿命は約二〇年で、年間七〇両ほどの維持費が必要であった。ちなみに、船乗りの給与は一年一航海で、江戸後期に船頭が三両、知工《ちく》（事務長）や表《おもて》（航海士）が二両から二両二分、若衆《わかいしゅう》（水主）が一両から一両二分、親仁《おやじ》（現場の長老）が二両、炊《かしき》（水主見習）が二分で、かなり安かったが、給与の他に収益に応じた「帆待ち」という歩合給もあった。

大聖寺藩は江戸中期以降に北前船主の経済力に着目し、彼らから調達金や献金を得るため苗字帯刀を許可するとともに、扶持高を与え、十村格や士分格を付与し、さらに武士にも登用した。このように、北前船がもたらす富は、藩の財政改革や軍政改革に重要な役割を演じ、藩は北前船主の経済力に大きく依存していくことになる。

製塩業

大聖寺藩では、江戸中期に伊切・浜佐美・篠原新村をはじめ、塩浜・小塩・片野・中浜・瀬越・塩屋村など日本海沿岸に位置する村々で製塩業が行われていた。伊切・浜佐美・篠原新・中浜村は正保二年（一六四五）以前に成立した新保・佐美・篠原・上木村の出村で、伊切・浜佐美・中浜村は越前国三里浜の人々が移住し、また篠原新村は篠原村の人々が居住し、製塩業を行ったといわれている。なお、大聖寺藩には、加賀藩のような小代官・御塩吟味人・御塩懸相見人などの製塩役職がみられず、主に組付十村と村肝煎が製塩管理に当たっていた。

江戸中期以降、塩浜・小塩・片野・中浜・瀬越・塩屋村などは、相次ぎ製塩業を廃止・中止した。大聖寺藩は、領内の塩の生産高が減少し、塩の自給自足が困難になったため、加賀藩に倣って塩手米制と作食米制を併用した「塩作食米制」という専売制を実施した。この制度は、塩師に生産費を米（塩手米）で前貸しし、翌年、塩で返還させるというものであった。享保十五年（一七三〇）には、塩生産高が千四百十四石一斗で、これを前貸した日の米相場の四分の一の値段（石当り六匁七分八厘）で概算すると銀九貫六〇〇匁余となり、これでは塩師が前貸銀との差額銀三貫一七六匁余を返還せねばならず、石当り米価を三九匁五分と高く

弘化期の伊切塩焚き
（「錦城名所」所収）

仮定し、その四分一の銀八匁七分八厘を塩師からの購入値段に決定している。

こうして専売制が導入されたものの、塩生産高は享保九年（一七二四）に千二百三十六石、同十八年（一七三三）に千二百八十五石、天明八年（一七八八）頃には九百〜千二百石ほどで増加しなかった。この背景には、瀬戸内海産の安価な塩が移入されるようになったことがあったと考えられる。北前船主が持ち込んだ瀬戸内海産の「土産塩《みやげしお》」が領内で販売された結果、塩概《しおがえ》（塩手米と上納塩の比率）の基準を維持することが困難になったと思われる。そのため藩は、天保二年（一八三一）には塩手米に対する塩納を止めて代銀納とし、塩師に運上銀を課すとともに御蔵入塩を時の相場で買い上げ、領内販売を自由とする政策転換を行った。この頃、城下の福田町にあった南之蔵（千石入り）、中之蔵（三百石入り）、北之蔵（七百石入）の塩蔵の管理も御塩奉行から塩問屋に移っている。また、天保二年に伊切・浜佐美両村が「村御印」を交付されて行政上の独立村に取り立てられたことは、この政策転換と関係していたようである。

塩釜と「浜」と呼ばれた塩田（一浜は一〇〇間×六〇間）は、天保十五年に伊切村に塩釜一七個・三浜、浜佐美村に一四個・二浜、篠原新村に一一個・一浜あった。製塩法は瀬戸内海の各地でみられた「入浜式製塩」ではなく、海水を汲み揚げて塩田に散布する揚浜式製塩で、鹹水《かんすい》を釜に入れ塩に焼上げる燃料費が生産費の約半分を占め、燃料の塩木《しおぎ》（松木）の確保は塩生産の上で大きな比重を占めていた。春・秋には一釜の焼上げに三尺縄一束の塩木が三〇束、夏にはそれが二〇束必要であった。伊切・浜佐美・篠原新村では、「七木の制」と称する留木制度★により松木は下枝以外の伐採が禁止されており、遠方の村々からも塩木を調達せざるを得なかった。

漁業

塩屋・吉崎・瀬越・片野・小塩・塩浜・篠原・篠原新・新保・伊切・佐美・浜佐美など日本海沿岸の村々では、江戸後期に小規模な沿岸漁業が行われていた。漁獲物は、大聖寺城下や領内の村々で広く消費され、一部は他国へも移出された。

大聖寺藩は、寛文期（一六六一～七三）に漁業が盛んであった塩屋村と大聖寺城下に魚問屋を置き、塩屋魚問屋（郡奉行支配）に漁獲物の輸送や棒振り★・三ヶ浦（塩屋・瀬越・吉崎）女商人の監督などを行わせ、大聖寺魚問屋には魚屋の監督や御用魚の提供などを担当させた。大聖寺城下には、天明六年（一七八六）に西魚町・東魚町を中心に一七戸の魚屋があった。一方、魚問屋は売高一〇貫文に付き口銭一貫文を徴収し、うち自領売分として二〇〇文、他領売分として一五〇文を得た。他領出しは漁獲量が五〇貫目を超えた場合に許可されたが、文政四年（一八二一）には自領売口銭が二〇貫文であり、他領売口銭は僅か一貫四〇〇文に過

▼留木制度
禁木制度のことで、加賀藩や大聖寺藩では七木制度という。

▼棒振り
行商人のこと。

ぎなかった。

漁法には、地引網・刺網・瀬引網・手操網などの網漁法と釣漁法があり、漁場を移動する網漁業や魚群を追う釣漁業の沖合漁業はまだ盛んではなかった。地引網は通年行われ、おおむね寒網・鯛網・鰯網・秋網の四種に分けられた。なお、元禄七年（一六九四）に和泉国（大阪府）の漁師が鰯を捕る「大網漁法」を領内に伝えたが、普及しなかったという。享保二十一年（一七三六）には、伊切浜の沖合で塩浜村が船三艘、篠原新・新保・伊切村が各一艘を出して鯛網を行った。藩の漁獲高は不明であるが、塩屋村は漁獲量が他村に比べて圧倒的に多かったことは確かで、鰈《かれい》・鯛・鯖・鰯・鯵《あじ》・鰹《かつお》などが有名であった。このほか、瀬越村の鰤《ぶり》・魴鮄《ほうぼう》・魬《はまち》、塩浜村の鰧《おこぜ》、篠原村の魳《かます》・平目、片野村の和布《わかめ》・黒海苔《くろのり》・水雲《もずく》、黒崎村の栄螺《さざえ》・鮑《あわび》、小塩村・塩屋村の牡蛎《かき》なども美味・珍味で知られた。

藩は二〇日以上の不漁時に漁師に玄米一石を、漁船の新調時には銭三〇貫文を貸与したが、漁場が限られている状況で漁獲高は大幅には伸びず、漁師の生活は苦しかった。漁獲高を増加させるため、漁具の改良も試みられたが、漁船・魚網・綱・浮子《うき》など船具の修繕にかかる経費は少なくなかったようである。たとえば、腐り易かった藁縄製《わらなわせい》の漁網に代わって江戸末期に麻縄製《あさなわせい》の魚網が出現したものの、高価であったため普及しなかった。江戸後期には、小塩村のように、多くの漁師が北前船主の水夫になったため漁業が衰退した村もあったが、領内の多くの村で

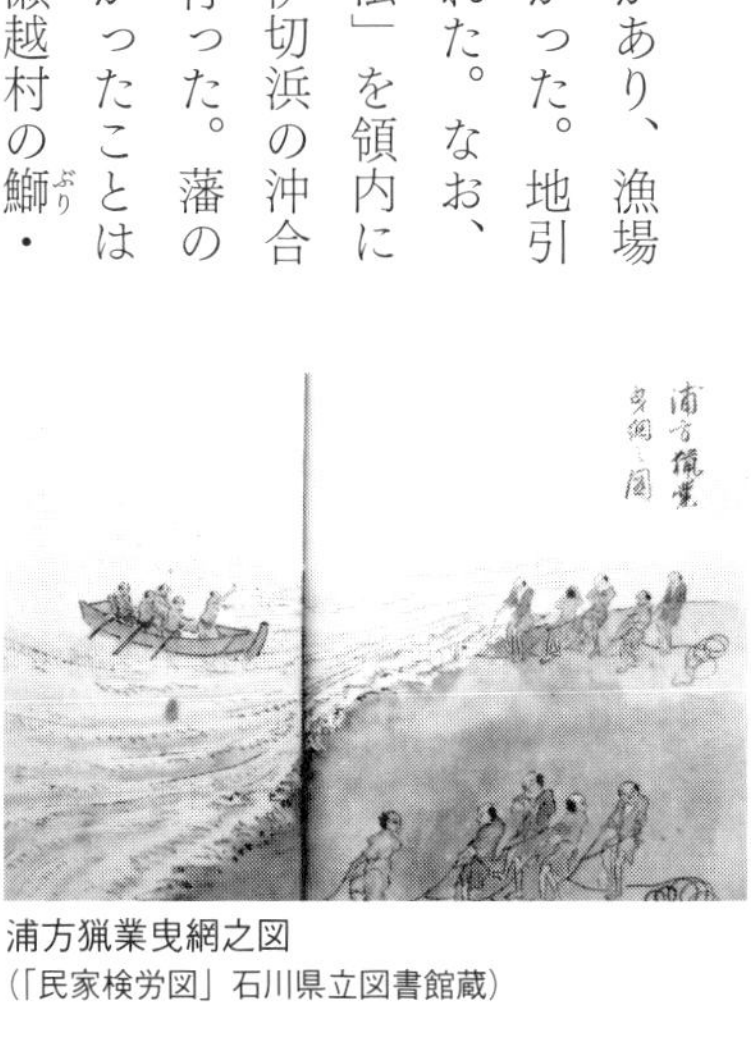
浦方猟業曳網之図
（「民家検労図」石川県立図書館蔵）

は「農隙《のうげき》（農業の余暇）ニ漁猟ヲ以テ産業ノ一助トス」という状況であった。

製絹業

石川県の南部にある小松では、古くから絹織物の生産が行われて、室町後期に「小松絹」（加賀絹）と呼ばれて有名になった。小松絹は「羽二重《はぶたえ》」と呼ばれる織物の一種であり、江戸時代には絹屋（絹商）と呼ばれる織元が、糸問屋から生糸を購入して自家で加賀絹を製織した。小松絹は加賀藩主三代利常の奨励により発展し、天和三年（一六八三）に絹屋が二八〇戸もあった。なお、この加賀絹に加賀染を施したものが、現在の「加賀友禅《かがゆうぜん》」につながっている。

大聖寺藩では、江戸中期に庄村をはじめ七日市・梶井村などで絹織物が生産されるようになった。荻生村生まれの娘が京都で西陣織を習い、帰村後、庄村に嫁いだことが、その発端といわれている。元禄期（一六八八〜一七〇四）には、庄村の餅屋善六が、村内や近村の婦女を自家に集めて絹織物の生産を始めた。善六の子孫彦八は正徳期（一七一一〜一六）に四代利章の命により絹肝煎となって庄絹の生産・集荷・販売などを行い、絹肝煎の職は、彦八の子孫彦九郎・彦右衛門・仁左衛門・彦吉などに世襲された。庄村は江戸後期に絹織物の生産で潤い、村内には北ヶ市や七日市などに市場が立っていたという。

繭糸曳之図
（「民家検労図」石川県立図書館蔵）

庄村の沢屋仁左衛門は延享期（一七四四～四八）に大聖寺町に移住し、この織物技術を広め、下級武士の婦女の内職として「大聖寺絹」（御内儀絹《おかみさまぎぬ》）の生産が始まったという。原料となる生糸は、庄村では庄・梶井・動橋・打越・分校村など里方と浜方から供給されたのに対し、大聖寺では山方・奥山方や越前府中・越中八尾などから供給された。絹織物の生産を奨励していた大聖寺藩は、沢屋仁左衛門を絹頭役につけ、領内の絹問屋により集められた絹織物を検印させたのち、京都の絹問屋に販売した。仁左衛門の子孫市右衛門（二代・三代・五代）・伊右衛門（四代・六代）なども絹頭役を世襲した。なお、大聖寺城下の絹屋数は、江戸後期に八〇～一〇〇戸であったといわれている。

　領内の絹織物（庄絹・大聖寺絹など）の生産量は、天保期（一八三〇～四四）から慶応期（一八六五～六八）にかけて二万～四万疋であり、小松絹や城端絹《じょうはなぎぬ》を上回ることもあった。江戸末期には大聖寺絹の生産量が庄絹《しょうぎぬ》（コズハ絹）や、京都で「諸加賀《もろかが》」（極上品の絹）の最高品といわれた梶井絹《かじいぎぬ》の生産量を上回り、大聖寺は絹の産地として広く知られるようになった。

　大聖寺絹は庄絹・梶井絹をはじめ、小松絹・城端絹・井波絹などとともに、古くから京都の絹問屋の一文字屋に多く売却されていた。一文字屋は、北糸と呼ぶ長左衛門家と南糸と呼ぶ助次郎家の二家からなり、安政二年（一八五五）頃に一四戸を数えた京都絹問屋のなかで大聖寺藩と最も密接な関係にあった。大聖寺藩の絹荷物は絹織物を絹問屋の一文字屋へ売却したのち、その代金を受け取って帰国し、草鞋も脱がずに絹問屋で精算した。大聖寺絹は江戸末期に毎月一日・十日・二十日の三回、一回に七〇〇〜一〇〇〇両、一カ月に約三〇〇〇両を京都の絹問屋へ販売した。

製茶業

二代利明は、寛文年間（一六六一〜七三）に加賀藩主五代綱紀や富山藩主二代正甫《まさとし》とともに山城・近江両国から茶実を購入し、各領内の村々に配分したという。宝永四年（一七〇七）の『耕稼春秋』によれば、加賀国石川・河北両郡では茶の生産はみられないものの、同国江沼・能美両郡では粗悪な茶が多く生産・販売されていた。江沼・能美両郡の茶生産量は明和五年（一七六八）が一万六八〇〇斤（代銀一九貫二五〇匁）、安永六年（一七七七）が二万七〇〇〇斤で、近江茶の一万六一〇〇斤を上回っていた。注目したいことは、江沼郡の茶生産が圧倒的に多く、能美郡が符津・矢崎・八幡・若杉など数ヵ村に限られていたことである。

弘化元年（一八四四）の『加賀江沼志稿』によれば、大聖寺藩の茶役は領内一四三カ村中の八四カ村に課され、その総額は銀四五四匁余で、一村平均額が銀五・四匁であった。串・山代・保賀・片山津・長谷田・敷地・小菅波・冨塚・山田・

熊坂・大聖寺・南郷・永井・山中・別所・大菅波・作見村などは、旅籠用や茶屋用の茶を生産したので茶役が高額であった。茶の生産量は天保年間（一八三〇〜四四）に一時的に減少し、農民らが茶樹を多く伐採したものの、茶商人らが製造技術の導入に努めたため、再び増加傾向に転じた。茶商人の寺井屋長右衛門は弘化元年（一八四四）に山城国宇治から茶師清吉・吉平などを招き、領内の農民らに焙炉《ほいろ》法を伝授した。このとき、打越村の農民らは月津村に来た吉平を招き、宇治茶の製造法を熱心に学び、茶の増産に努めたため、領内第一の生産地となったという。また、藩士の東方蒙斎《ひがしかたもうさい》・芝山父子は嘉永五年（一八五二）に近江国信楽から茶師磯五郎を招き、藩士の深町孫市・市橋波江や打越勝光寺の住職らに製造法を伝授した。さらに、茶商人の矢田屋清三郎と大和屋宗三郎は、安政六年（一八五九）に矢田村に製茶場を建設し、福井藩の産物方に依頼して肥前国の長崎に茶を移出した。

金沢町人の香林坊源兵衛・高岡屋太右衛門は、天和元年（一六八一）頃に加賀藩の茶問屋を務め、大聖寺藩領の串村・作見村・大聖寺町に下問屋を置いて茶の流通などを管理した。その後、貞享三年（一六八六）には庄村の平石六兵衛と小松町人の茶屋三郎右衛門が、元禄十年（一六九七）五月からは串村甚四郎が大聖寺藩の茶問屋を務め、茶の流通・価格統制、口銭《こうせん》★徴収、洩茶の取締りなどを行った。大聖寺町の大和屋七右衛門と村松村三郎右衛門は元禄十年から串村甚四郎

茶製之図
（「民家検労図」石川県立図書館蔵）

▼口銭
手数料のこと。

の下問屋を務め、越前方面や能美方面の茶改めを行い、甚四郎から年間に銭二貫文を得た。

串村甚四郎は毎年二月に口銭を精算し、三分の二を藩に上納、残り三分の一を得たが、その取分は安永八年（一七七九）が銀六一五匁、文化九年（一八一二）が銭一三六貫九七一文であった。文政四年（一八二一）頃の茶運上銀六貫匁余は絹運上銀七貫五〇〇匁に次ぐ額であり、この頃製茶業はかなり発達していた。なお、藩は文化十年に甚四郎の独占体制を廃し、大聖寺町の田中屋十左衛門を茶問屋に、吉田屋伝右衛門を茶頭取★に任命したものの、十分な機能を発揮できず、四年後には再び甚五郎（甚四郎の伜）の独占体制に戻した。

▼茶頭取
大聖寺茶の総支配役。

和紙業

和紙業も大聖寺藩の奨励により発展した産業である。藩祖利治は正保三年（一六四六）に中田村五郎兵衛を加賀藩領の河北郡二俣村に派遣し、また二代利明は延宝四年（一六七六）に中田村五郎兵衛に加えて足軽の栗村茂右衛門二人を同地へ派遣し、御料紙（藩が使用する紙）や日常紙（庶民が使用する紙）の製造法を習得させた。その後、御料紙や日常紙は、「紙屋谷」と呼ばれる中田・長谷田・上原・塚谷の四カ村で専売制により製造され、上原の出村である土谷村を加えて「紙屋谷五カ村」と呼ばれたこともあった。このほか、大聖寺城下に続く敷地村でも、江戸後期に暫く日常紙が製造された。

紙の原料には、楮《こうぞ》・三椏《みつまた》・雁皮《がんぴ》が多く使用され、麻・桑・木槿《むくげ》などはほとんど使用されなかった。楮の約七割は紙屋谷四カ村のほか中津原・滝・荒谷・今立村などから供給され、残り三割は丹後（京都府）・但馬（兵庫県）・若狭国などから供給された。また、雁皮はすべて領内の桂谷・四十九院・荒谷・今立・那谷村などから供給された。楮の売買時には農民と楮商人・紙職人間で揉めたので、御算用場が紙の生産量・値段・手間賃など考慮して楮の値段を決定した。なお、紙漉き法は、諸藩と同様に剝ぎ取った楮の表皮を蕎麦茎・煙草茎の灰汁《あく》と一緒に釜でべたべたになるまで煮込み、それを石の上で槌でよく叩き、「ねり」（黄蜀葵《とろろあおい》の粘液）と一緒に水に溶かして箱舟で漉く方法である。

紙屋谷では、江戸後期に藩用の御前延紙《ごぜんのべがみ》（小形の杉原紙《すいばらし》）や銭手形紙（銭札紙・米札紙）、許可書用の過書紙、大形水原紙を半分に切った半紙、半紙などを真ん中で折った中折紙、厚紙の連紙や、帳紙・唐傘紙・合羽紙・茶紙・鳥子紙《とりのこがみ》・塵紙などが製造されていた。このうち御前延紙・銭手形紙は、中田村の御料紙職人により製造された。日常紙は大聖寺城下の紙問屋である平野屋や徳田屋が販売していたが、正徳一揆後は一時的に紙屋谷の村肝煎・組合頭らにより城下福田町の麦屋仁市郎宅で販売された。この頃から藩士らは日常紙の掛買い（代金後払い）

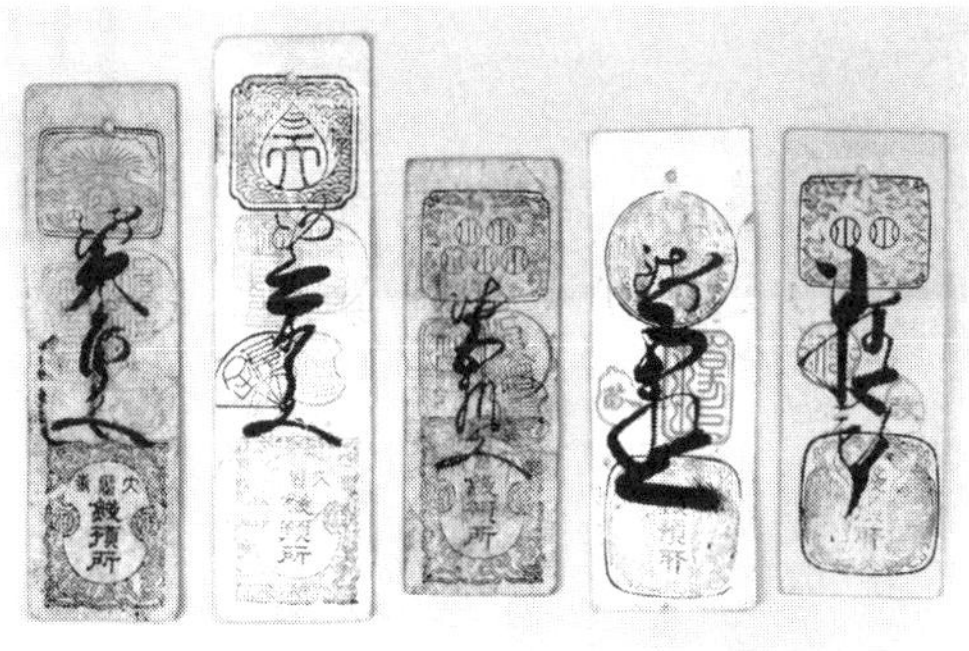

大聖寺藩の藩札
（加賀市教育委員会所蔵）

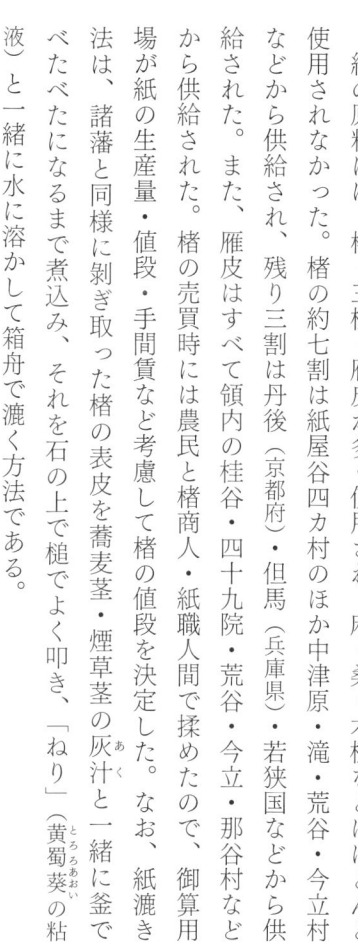

を行ったので、紙職人の生活が困窮し、御算用場は藩士の紙代金を肩代わりして紙職人に支払っている。大聖寺藩で製造された和紙は、他藩に販売されることはあまりなく、その生産量は藩内の紙需要を満たす程度であった。

桐油《とうゆ》業

大聖寺藩では荏油・菜種油・綿種油などとともに桐油（木実油《きのみ》）・椨油《たぶ》などを生産し、江戸後期からは桐油・椨油などを他領に販売していた。桐油は、油桐《あぶらぎり》（油木・ころび・山桐）の実を搾って生産される植物油で、灯油や害虫駆除油のほか、雨合羽・唐傘・障子紙・油団などの塗料として利用された。元禄七年（一六九四）には油桐と椨の実を他領から移入し、大聖寺城下で桐油と椨油に製造して領内の村々に販売していた。油桐実と椨実はどこから移入されたのだろうか。小浜藩では宝永年間（一七〇四〜一一）に出雲（島根県）・石見（同上）・越前・但馬・丹後国などから油桐の実を購入し、領内の油屋二百戸が桐油（若狭油）に生産して江戸・大坂・尾張・佐渡などに販売していた。また、福井藩では江戸前期から本格的に油桐実と椨実を栽培し、江戸中期には小浜藩など他領へ販売していた。つまり、大聖寺藩の油屋は福井藩から油桐実と椨実を購入し、大聖寺城下で桐油と椨油を生産したものだろう。

油桐の実

その後、文政四年（一八二一）には、桐油と栭油や油桐実と栭実が菜種油・荏油や菜種・荏とともに他領へ販売されていた。油桐は領内のどこで栽培されたのだろうか。油桐は享保期（一七一六～三六）に福井藩から購入して栽培されたと伝えられ、文政期（一八一八～三〇）には三谷の曽宇・直下《そそり》・日谷村をはじめ、右・奥谷・山代・上野・荒谷・今立・大菅波・小菅波・作見村などでかなり生産されていた。油桐は苗木の植栽後六、七年で実を結び、一二、三年頃から収穫が多くなり、三〇～四〇年が最盛期であった。苗木は男木（雄木）と女木（雌木）を区別できず、男木の場合を想定して何本も植栽したという。桐油・栭油や油桐実・栭実はどこへ移出されたのだろうか。福井藩では江戸後期に菜種油・綿種油が「御国不用之油」として領国内で余り販売されず、両種油を三国湊で他領産の桐油実・栭実と交換していた。こうした事情から、大聖寺藩は福井藩が桐油・栭油や油桐実・栭実を津留品に指定したため、それらを三国湊へ移出したものだろう。なお、栭実は領内の沿岸部や川岸に自生した栭から採取された。

大聖寺城下には天明六年（一七八六）に油の流通・価格統制、口銭《こうせん》徴収、洩油の取締りなどを行った油肝煎や油種問屋のほか、油屋二三戸、油棒売人三五人が、文政元年（一八一八）には油屋一二戸、油棒売人五五人がいた。油屋らは油肝煎や油種問屋が監督するなかで十月から二月まで桐油・栭油を、三月から九月まで菜種油・荏油を製造したという。郡方の油屋数は不明であるが、天保期（一八三〇〜四四）には小菅波村に油臼役三〇匁、森村に一〇匁、山代村に一〇匁、右村に一〇匁、山中村に一〇匁が、小菅波・片山津村に油棒役八匁、山中・新保・四丁町・那谷村に四匁が課せられおり、この頃郡方にも油屋二〇戸余、油棒売人一〇人余がいた。寛政八年（一七九六）頃から菜種油の「弐文下り」と定められていた桐油の値段は、嘉永二年（一八四九）に菜種油一樽（五貫目入り）が九五匁、桐油一樽が九一匁であった。なお、文政四年（一八二一）には油役銀五四七匁余、鬢附問屋役銀五〇〇匁、油種問屋役三〇一匁、椨油役金一両が藩に上納されており、桐油業はまだ十分に発達していなかった。

加賀藩の産物方は、嘉永二年に越中国新川郡の商人三人を介して「大聖寺桐油」を例に示し、加賀藩の農民へ油桐の栽培を勧めていた。この奨励策に応じて、能登国鹿島郡矢田郡では同年から油桐の栽培を始めたものの、余り収穫できなかったという。この頃、大聖寺藩では毎年、油桐実三千石と桐油二百石（三十六立方メートル）を生産しており、この油桐実の生産額は明治五年（一八七二）に越前北部の足羽県が生産した三千六百五十八石に比べても少なくなかった。このように、大聖寺藩では諸油の需要が拡大するなか、領内の山林・山畑・荒地などに油桐を多く栽培した結果、江戸末期に至って他領にも知られる「大聖寺桐油」が誕生した。

②商人の活動

大聖寺城下の町政は、江戸後期から町人側役人の町会所で藩側役人が同席して執行された。町人側役人は町年寄や町肝煎が、藩側役人は町奉行や町手代が中心となって組織された。大聖寺藩屈指の御用商人である吉田家の商業活動をみる。

町の機構と町政

近世の城下町は町人の生活共同体であったのではなく、領主の居住地として整備された町であったので、町の政治機構も藩の支配と統治の意図から形づくられた。一方で城下町は、藩内・藩外で生産された様々な商品の集散地として機能し、商人らはその生産・流通を担っただけでなく、町の自治においても重要な役割を担っていた。

大聖寺城下の町行政は、藩側役人と町人側役人によって執行された。藩側役人は最初、町奉行所で町人側役人とともに役務に当たっていたが、寛政七年（一七九五）からは町人側役人の自治機関である町会所に同席して役務に当たった。藩側役人の執務部分は町役所と呼ばれ、町人側役人の町会所と区別されていた。藩

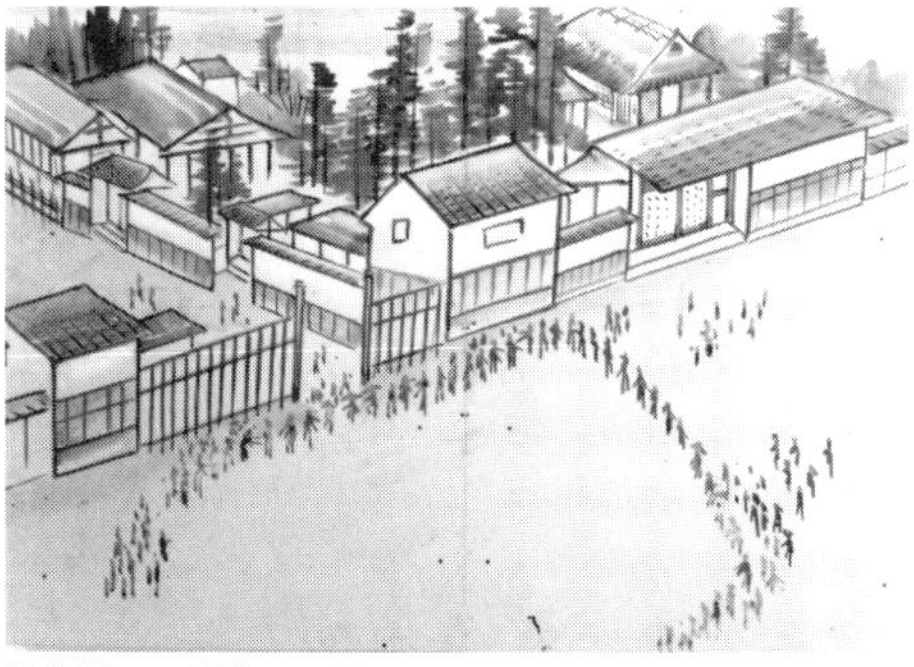

弘化期の八間道の盆踊り
（「錦城名所」所収）

側役人は町奉行―町手代―横目―町付足軽の組織になっており、町奉行は任期一年、二人制の月番で勤務した。一方、町人側役人は、町年寄―本町肝煎・地子町肝煎―組合頭―十人組で組織されていた。

町人側役人の筆頭である町年寄は、複数制で裕福な町人から選ばれ、町年寄役・町年寄上席・町年寄並・町年寄次列・町年寄見習などに格付けされていた。宝永七年（一七一〇）には吉崎屋嘉兵衛・味噌屋理右衛門・北川屋善右衛門・能美屋徳左衛門・吉崎屋甚左衛門・鰹屋武左衛門・寺井屋庄助の七人、享和元年（一八〇一）には鹿野屋甚左衛門・吉田屋伝右衛門・糀屋治兵衛・福田屋孫右衛門・矢尾屋治助の五人、弘化四年（一八四七）には鹿野屋甚左衛門・吉田屋伝右衛門・丸岡屋清右衛門・矢尾屋次助・別所屋藤兵衛・矢尾屋喜右衛門・糀屋十次郎の七人が町年寄に任命されており、一六人にも及んだ時期もあった。大聖寺藩の町年寄は加賀藩とは異なって世襲を認められず、藩への御用金の見返りとして与えられた役職で、当番の一人が役務に当たり、重要事項は全員の寄合で協議された。彼らは三人扶持が支給されたうえ、町役を免除されたが、江戸後期の「町方支配条数書」に記すように、日常生活全般に及ぶ統制を受けた。

町運営の諸経費である打銀《うちぎん》は三分の一を町人数で割り、三分の二を町家の間数（面積）で割って、各町人から徴収された。文政四年（一八二一）打銀一五貫匁余の内訳は、伝馬銀・町夫銀などの上納銀や奉行所上納銀、宿駅の駕籠《かご》代銀や人足賃銀など九貫匁余となり、総支出の六一パーセントを超えた。そこから町会所関係費・慈光院関係費・時鐘料などを差し引けば、防火・消防、橋梁《きょうりょう》・道路の修復、牢番給銀、木戸番人代、困窮者・行倒れ・捨子対策費、祭礼費など町人生活に直結した支出は僅か三・八パーセントとなった。

なお、八代利考は、寛政十二年（一八〇〇）三月十二日に馬上より大聖寺城下を小路に至るまで巡見した。すなわち、利考は数十人の家臣とともに、関所→越前町→慈光院→東田町→中町→大新道→観音町→五軒町→一本町→鉄砲町→弓町→木呂場→永町御蔵→永町→三亀町→麻畠《あさばたけ》→川端→片原町→殿町→新橋→北華《ほっけ》坊《ぼう》→前鷹匠町→中丁→本町→町役所→御館などの順で城下全域を視察している。

町方の支配組織

御用商人

様々な産業の発展には、商人らの力が不可欠であった。商人らは、直接生産に関わることもあれば、投資を通じて産業の発展に寄与することもあった。彼らの資金力は、藩財政にとっても重要で、御用金の上納などを通じて様々な特権を認められるとともに重要な役職を与えられた。しかし、藩の政策や経済の変化に応じて家業を継続させるのは容易なことではなかった。前節でも触れたように、大聖寺藩には様々な商人がいたが、ここでは大聖寺藩屈指の御用商人であった吉田屋（屋号は豊田家）を紹介しよう。

初代吉田屋伝之佑は、延宝五年（一六七七）に城下の福田町から鍛冶町に移り酒造業を営んでいた。三代伝右衛門（二代の甥）は、酒造業・金融業のほかに米商業にも手を拡げ、宝暦六年（一七五六）に藩の御用聞役となって三人扶持を受け、翌年には町年寄上席になった。さらに同十年には、その後七〇年以上屋敷を構えることになる京町に移り、本陣宿および浜方御用聞役や藩の銀方・銭方役などを務めた。

しかし、金融業・酒造業・茶商業を営んだ四代伝右衛門（三代の三男）の頃に、経営が傾き始めた。吉田屋の財産は三代伝右衛門の寛延三年（一七五〇）に銀一六三貫匁余、宝暦十年（一七六〇）に二一四貫匁で、四代伝右衛門の明和七年（一七七〇）の二七三貫匁をピークに減少し、寛政二年（一七九〇）に三〇貫匁になった。四代伝右衛門は、町年寄や銀方・銭方役および本陣役の役職を務め、また御用商人として御用金を上納せねばならず、経営を圧迫させる要因にもなった。

吉田屋伝右衛門の自画像
（個人蔵）

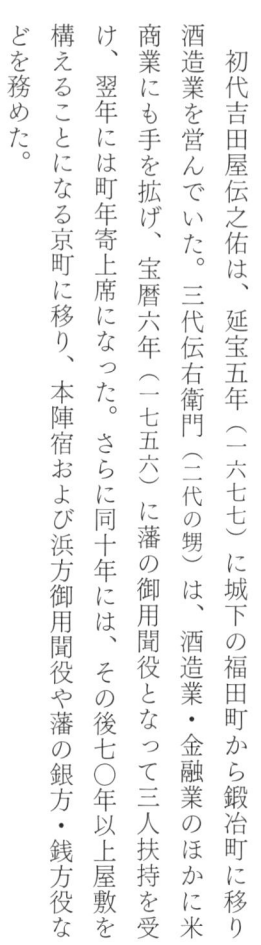

その後も経営不振は続き、文化八年（一八一一）に家督を相続した五代伝右衛門（四代の嫡男）は、こうした状況を打開するため、酒造業・金融業・薬種業などを営む傍ら、父の四代伝右衛門とともに吉田屋窯を再興した。先述したように、これが百年以上閉窯状態であった九谷焼の再興につながることになった。しかし、利益は思うように上がらず、莫大な借金を残すことになり、文政八年（一八二五）に三〇貫匁であった借銀が翌年には一〇〇貫匁に急増した。同十年に家督を継いだ六代伝右衛門（五代の嫡男）は、金融業・酒造業のほか吉田屋窯の経営に当ったが、天保元年（一八三〇）に四〇貫匁となっていた借銀を回復できず、天保二年頃に陶器の生産を中止した。また、六代伝右衛門は、文政十年に家業が不振であったため本陣役を辞退し、同十二年には銭方役を御免となった。

七代伝右衛門（六代の弟）は、天保三年に家督を相続し、金融業・薬種業・呉服太物荷口問屋などを営み、町肝煎や銀方役を務め、負債返済のため日用品以外のものを売却するなど手段を講じた。しかし、依然として家業の回復にはつながらなかったため、借金の返済を目的に吉田屋窯を番頭の宮本屋宇右衛門に譲渡し、同五年には家屋・屋敷および酒株を銀三〇貫匁で売却し、中町の丸屋伝右衛門宅を購入して移った。その後、安政五年（一八五八）に家督を相続した八代伝右衛門（六代の子）は、薬種業と呉服太物荷口問屋を中心に経営を行い、銀方役や町肝煎などを務めた。

③ 武士の暮らし

『笠間日記』から中堅藩士であった笠間亨の生活をみる。藩士の多くは武士の鍛錬として坂網猟を行い、川猟などを楽しみ、庶民同様に「両社」と呼ばれた菅生石部神社と加賀神明宮を熱心に参詣した。歴代藩主や正室だけでなく、先祖の法要も熱心に行った。

「笠間日記」にみる武士の生活

大聖寺藩の武士の日常生活はどのようなものだったのだろうか。大聖寺藩の中堅家臣である笠間亨《とおる》は、明和五年（一七六八）に那古屋一学★の三男として大聖寺で生まれ、天明三年（一七八三）に笠間家の養子となって、寛政十二年（一八〇〇）に家督百七十石を継ぎ、文化五年（一八〇八）に四十一歳で死去した人物である。亨は天明八年から享和三年（一八〇三）の間に断続的に七冊の日記『笠間日記』を書き残しており、ここから若い武士の生活の一端を垣間見ることができる。

天明八年一月、二十歳頃の亨は、朝八時から始まる剣術（心陰流）の稽古計一五回と、午後二時から始まる槍術（風伝流）の稽古一一回を毎日交替に行っていた。このほか、一月中には片野へ鴨猟に九回出かけ、夜にはたびたび藩士の家で行わ

▼那古屋一学
大聖寺藩士で、禄高七〇石を受けて宝暦十二年（一七六二）に郡奉行を務めた。

れた「学問の会」に参加して、中国の古典（歴史や儒教）の講義を聞いた。二月中も剣術の稽古二八回、槍術の稽古一二回を続け、片野へ鴨猟に四回出かけ、学問の会へも八回参加した。剣術稽古の回数が多いのは、同月に心陰流の免許を取得しようとしたためである。余暇は少ないが、藩祭である敷地祭（天神講）に出かけたり、塩屋へ魚釣りに行ったり、また養父の留守中に越前へ旅行したりもしている。

寛政六年、二十代半ばになった亨は、近習として八代利考の参勤交代に参加している。江戸では、藩主の登城、寺社参詣、幕府重臣への着府・帰国挨拶、時季見舞などの役務に当たり、こうした役務がないときは江戸藩邸で事務（昼番と泊番が交互）に当たり、時間がくれば長屋に帰った。江戸では馬術や学問にも励み、馬術については同七年二月中に五回行っているが、一回もない月もあった。学問に関しては、八代利考が泉豊洲《いずみほうしゅう》★に師事し、豊洲を藩邸に招いていたので、その機会に詩経・書経を聴講し、幸運にも一度だけ塙保己一《はなわほきいち》★の国史講義を聴講することもできた。同十二年には泉豊洲による孟子《もうし》や詩経会読に四回参加し、東儀《とうぎ》左兵衛尉に笛を学んでいる。このほか、同七年一月には市内遊覧を六回、（大名の登城行列と寺社参詣行列の見物二回、物見遊山二回、吉原遊郭など登楼二回）行い、翌月にも市内近郊見物六回（一回は芝居鑑賞、芝明神・道灌山《どうかんやま》・飛鳥山遊山など）をしていた。なお、江戸から郷里に贈った歳暮費や帰郷時の土産費は、亨和三年に約金

▼泉豊洲
江戸後期の江戸出身の儒学者。寛政期（一七八九〜一八〇一）に延岡藩の江戸藩邸学問所で儒学を教え、後に上杉鷹山の命で細井平洲の詩文集『嚶鳴館（おうめいかん）遺稿』を編集した。

▼塙保己一
江戸後期の武蔵国（埼玉県）出身の国学者。著書に正続『群書類従』がある。

一両（米一石）にも達していた。

いま一人、禄三百石を受けた青池順民《あおいけよりたみ》は、彼が自室に掲げていた「日課表」（縦三三センチメートル、横約六七センチメートルの和紙）によれば、江戸後期に極めて優等生的な武士の生活を展開していた。順民は一と六の付く日は午前四時から五時に起きて四書の一つの「大学」を読み、六時以後から槍術を学んでいた。さらに、一の付く日は八時から十時まで馬術、夕方に兵法を学び、六の付く日は八時に読書、十時に剣術、昼食後に読書、夕方に馬術、夜には孟子の会読への出席を日課としていた。また二と七の付く日も、朝は四時から五時に起きて「大学」を読み、六時から槍術を学び、これに加えて二の付く日は八時に読書、十時に剣道、七のつく日は馬術、午後は読書、夕方は槍術、夜は「大学」を読み、十一時を過ぎて就寝した。

武士にも様々な位があったので、武士の生活も多様であったと思われるが、武士の日常は、槍術・剣術・馬術の訓練や読書などが中心であった。歴史学者の磯田道史氏が『武士の家計簿』のなかで明らかにされたように、幕末には武士の生活は楽ではなかったので、余暇に使う金銭はそれほどなかったのかもしれない。

坂網猟と川猟

山野や川での狩猟は、武士の楽しみの一つであった。加賀市片野町の大池（鴨池）付近では、江戸中期から今日まで「坂網猟」と称する特異な鴨猟法が行われている。この坂網猟は、長さ二メートルほどの竹の羽竿《はざお》二本をV字型にカセ木に縛り付け、二本の羽竿の間に絹糸製の網を取り付けた坂網を空高く投げ上げ、飛来する鴨・雁を捕獲するものである。これは元禄期（一六八八～一七〇四）に大聖寺藩士の村田源右衛門が創始したと伝えられているが、福井藩で行われていた「坂鳥打」の猟法が同時期に領内の猟師に伝えられ、宝永期（一七〇四～一一）に武士の心身鍛練を目的に大聖寺藩が制度化したものだろう。徒以上の藩士は、毎年、鬮引で坂場（鴨・雁などを捕獲する場所、坂構場ともいう）が与えられ、場所に応じて多少の運上銀を上納した。坂場は総数六七〇場余に及び、第一等の御場は藩主が使用したが、第二等が家老および人持、第三等が平士に与えられた。文政期（一八一八～三〇）には武士の運上銀九六二匁に対し、猟師の「流しもち運上銀」は五五七匁であった。

藩士は毎年四月の鬮引で得た「坂網札」を腰に下げ、朝坂・夕坂と称して適宜に坂場に出かけた。その子弟は十二、三才になれば必ず坂網猟を行い、初猟のときには祝い料理を親戚に配ったという。先に取り上げた笠間亨は、天明八年（一七八八）一月に一〇回、二月に三回、三月に一回の坂網猟を行い、一月中に鴨二羽を獲っていた。亨は夕方五時過ぎから坂場に行くことを日課としており、同年

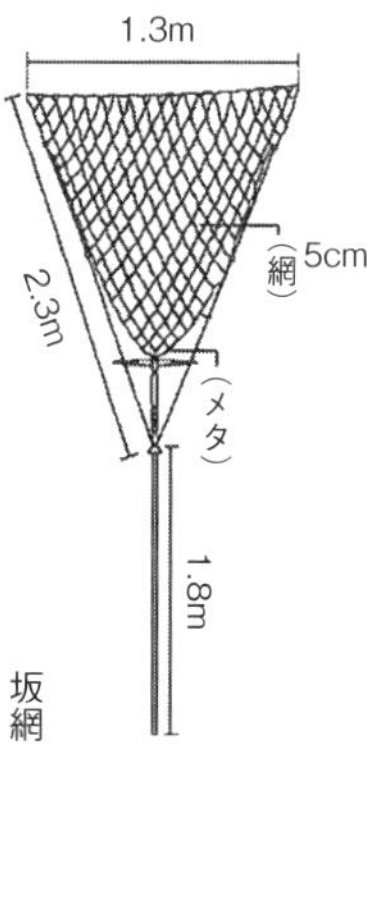

坂網
（石川県立歴史博物館蔵）

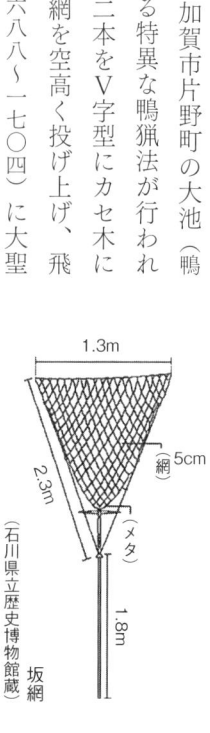

九月に鴨二羽、寛政二年（一七九〇）九月に鴨八羽、十月に鴨一羽を捕獲している。坂網猟の上手な藩士は、年間に鴨五〇～七〇羽を捕獲したといわれ、大聖寺藩は毎年十二月に初鴨一〇羽を幕府に献上していた。

一方、武士らは、領内の柴山潟をはじめ、大聖寺川・動橋川や三谷川で川猟を行った。たとえば、八代利考は寛政十一年（一七九九）十一月に弟の利純《としずみ》と利龍《としたつ》とともに織部河道で遡上する鮭を天唐竿《てんからざお》★で捕獲し、藩士の笠間亨は同三年四月に大聖寺川の上河崎で雑魚採りをしたものの水量が多かったので、三谷川に移動して数匹を獲たことなどが資料から読み取れる。

捕獲された魚種は、鮭《さけ》・鱒《ます》（桜鱒）・鮎・鯉・鮒・蜆《しじみ》などで、毎年初漁の鮭・鱒数匹は藩主に献上されたという。柴山潟では唐網《とあみ》（投網）・四手網・引網・押網・釣りなど、大聖寺川・動橋川・三谷川では唐網・流し網・瀬張《せばり》・天唐《てんから》・釣りなどが主な魚猟法であった。このうち瀬張は、木・竹などを並べることにより流れを塞止め、その下流に網を張って鮭・鱒・鮎などを捕獲する方法で、その鑑札（殺生札）は三年ごとに入札が行われた。大聖寺川では片山（保賀村）から豆田まで、動橋川では柴山潟端から今立村まで、三谷川では大聖寺川の合流点から日谷・直下・曽宇村までの間に瀬張が設けられ、その運上銀は、江戸後期に大聖寺川が三三四匁、動橋川が一〇九匁であった。人持以下の藩士は、流し網・鵜ねり網・飛網の使用が認められないなど、坂網猟と同様に身分によってできる猟や場所に違

▼天唐竿
川魚を引っかける鉤（かぎ）針（ばり）が付いた竿のこと。

いはあったものの、川猟も武士の生活の中の楽しみの一つであった。

社寺参詣

社寺参詣は、武士や庶民によって広く行われ、生活の一部となっていた。大聖寺藩の代表的な社寺の一つである菅生石部神社（式内社の加賀国二宮《にのみや》）は、中世に福田庄が京都北野社領となったため、北野神社を福田庄の鎮守として菅原道真《すがわらのみちざね》を合祀したことから「菅生天神」と呼ばれた。加賀藩主二代利長は慶長六年（一六〇一）に敷地村の田二町を、三代利常は寛永十五年（一六三八）に岡村の田二町と山林一町一反などを敷地天神社（菅生天神社）に寄進するとともに、本殿などの建造を行った。また、三代利常夫人の天徳院は信仰が篤く、元和五年（一六一九）に三男宮松丸（大聖寺藩祖利治）の成長を祈願して御神宝・御神楽代を寄進し、拝殿を修造している。七月の「天神講」は「敷地祭」と呼ばれる藩祭で、このときに藩主や藩士、庶民が参詣に訪れた。なお、江戸時代の神主は大江氏が務め、神宮寺★として真言宗の慶運寺《きょううんじ》があった。

同じく大聖寺藩の武士や庶民がたびたび参詣した社寺である加賀神明宮（旧山下神社）は、江戸時代には神明宮と呼ばれていた。神明宮は、その南の山上にあった白山社とともに、古くから大聖寺の惣鎮守で、城下山田町に鎮座したという。

菅生石部神社
（加賀市大聖寺敷地町）

▼神宮寺
神祇に仕える目的から神社に付属して営まれた寺院。神願寺・神護寺・宮寺ともいう。

白山社は寛永十九年（一六四二）に藩祖利治から社領五石余を寄進され、慶安五年（一六五二）には藩祖利治により社殿が再建された。なお、城下紺屋町（寺町）にあった真言宗の大聖寺慈光院《じこういん》は、藩祖利治により神明宮境内に移され、神明・白山両社の神宮寺となった。

加賀神明宮とともに現在の「山ノ下寺院群」の一つに数えられる実性院にも、藩主や藩士が多く参詣した。実性院は、元々大聖寺藩の筆頭家老であった玉井《たまのい》貞直《さだなお》が城下北の岡村に創建した霊光山宗英寺《れいこうざんそうえいじ》で、ここで万治三年（一六六〇）に藩祖利治の葬儀が行われた縁で、大聖寺前田家の菩提寺となった。二代利明は翌年に宗英寺を現在の山ノ下に移し、金龍《きんりゅうざん》山実性院と改称するとともに、岡村の灰塚に仮安置していた藩祖利治の遺骨も同寺の墓地に移した。現在の本堂は寛文五年（一六六五）に創建されたものという。以後、同寺は歴代藩主の位牌を収める大聖寺前田家の菩提寺として曹洞宗の「触頭《ふれがしら》★」を務めるなど、領内において筆頭寺院の格式を誇った。同寺では歴代藩主をはじめ、正室や在国子女の葬儀が行われ、それぞれの命日や回忌には盛大な供養が行われた。

最後に那谷寺についても触れておこう。那谷寺は、二代利明の治世に加賀藩領から大聖寺藩領となり、寺領百石を与えられ、三代利直の治世に寄進高が三一一二歩に増加された。藩主や藩士らは、しばしば那谷寺を参詣したが、同寺への参詣は、あくまでも「那谷天満宮★」を強く意識したものであった。

▼触頭
江戸時代に幕府や藩の寺社奉行の下で各宗派ごとに任命された特定の寺院のこと。本山および各寺院との上申下達などの連絡を行い、地域内の寺院の統制を行った。

▼那谷天満宮
創建時期は不明であるが、金子有斐（ありあきら）が享和二年（一八〇二）に描いた「加州那谷寺絵図」によれば、山門を入った参道左の中程にあった。

④ 学問と文化

藩校や私塾・寺子屋などの設置をはじめ、儒学・史学・地誌・算学・医学・書道・絵画など学問と文化が武家を中心として開化した。儒学・医学や絵画ついては注目すべき人物が多く輩出された。とくに絵画ついては加賀藩の御用絵師となる者が現れた。

藩校と寺子屋

藩校は、領民を指導・支配していく武士階級としての自覚を培うことを目的に、当初は教育内容も文武《ぶんぶ》両道の理想から武術と漢学の素読《そどく》（儒教の経典の読み）や儒官の講義に力点が置かれていた。

大聖寺藩の藩校は、十一代利平《としひら》が天保十一年（一八四〇）に藩邸書院において経書を藩士に講じ、この書院を「学問所」と称したことに始まる。このとき、会頭には折衷学《せっちゅうがく》の江守城陽《じょうよう》・竹内福水、会頭助役には岩原武左衛門・橋本文蔵らを当てた。十二代利義は、安政元年（一八五四）に八間道の前田造酒《みき》（利信）の旧邸を改造し、そこに藩邸書院の学問所を移して「時習館」と命名し、自らその扁《へん》額《がく》を書いて掲げた。初代会頭は折衷学の竹内世絅《たけのうちつぐあき》で、助教には東方芝山《ひがしかたしざん》が就き、

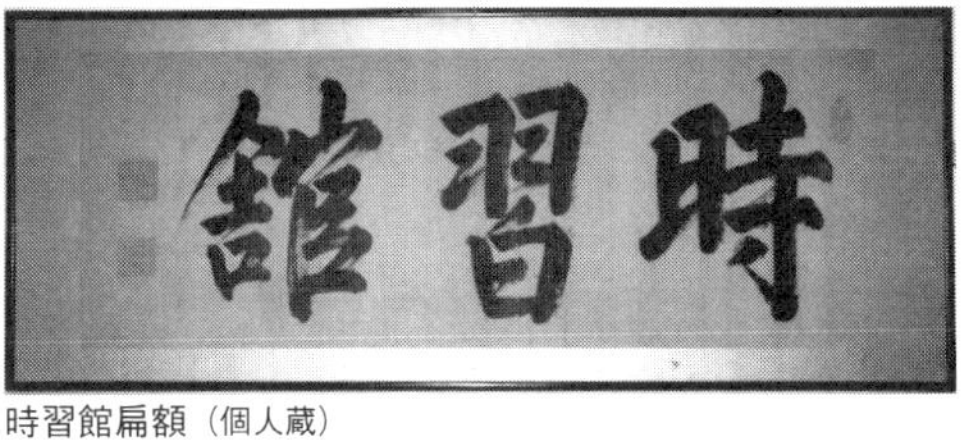

時習館扁額（個人蔵）

翌二年から漢学・医学・蘭学などを教授した。ここで藩士の十歳から十六歳の子弟は、隔日で温読《おんどく》と称し四書五経を学ぶとともに、礼式師範について諸礼を稽古した。また十六歳から二十歳の子弟は、月三回、誦読《しょうどく》と称し経書の素読を行い、藩主在国時には春秋二回の試験が行われ優秀者が表彰された。

十四代利鬯《としか》は、安政四年（一八五七）に従来の武術稽古所を改め、平井復斎《ひらいふくさい》を引受頭として兵学・弓術・馬術・槍術・剣術・砲術・棒術・柔術などの武術諸流派の専修道場として武学校「有備館《ゆうびかん》」を設置した。明治二年（一八六九）には時習館構内に漢学を修める青年寄宿生のために達材舎《たつざいしゃ》、漢学を修める通学生のために温知舎《おんちしゃ》（のち成徳舎《せいとくしゃ》）、蘭学・洋学を修める生徒のために薫正館《とうせいかん》を、構内隣地には漢学を修める七〜八歳の男児のために啓蒙舎《けいもうしゃ》を増設した。この四校舎のほかに有備館を本館として操練所《そうれんじょ》を設け、藩士の子弟に様式操練を習得させ、これに兵学舎・射的場《しゃてき》・技術所などを附属して将来の士官を養成した。これらの藩校で使用された教科書類は、今も「聖藩文庫《せいはんぶんこ》」として現存している。

一方、寺子屋は江戸時代の庶民教育機関であり、武士・僧侶・神官・医師などが主に庶民の子どもを対象に読書・習字・算術を教えた。大聖寺藩でも、江戸後期に大聖寺城下や村々で武士・徒　士・足軽・僧侶・医師・農民などが庶民の子どもを対象に読書・習字・算術を教えた。習字本は以呂波《いろは》・名頭《ながしら》・往来物・苗字尽《みょうじづくし》・古状などを用い、流派は御家《おいえ》・持明院《じみょういん》・佐山《さやま》・土師流《はじ》など諸流に及び、

聖藩文庫（加賀市立中央図書館所蔵）

庶民の識字向上に大きく貢献した。

儒学と史学・地誌

儒学

江戸時代の儒学には、官学として幕藩体制の思想的支柱となった朱子《しゅし》学派のほか、陽明《ようめい》学派・古学《こがく》派、考証《こうしょう》学派・折衷学派などがあった。

二代利明は寛文四年（一六六四）に朱子学派の林羅山《はやしらざん》の高弟河野春察《こうのしゅんさつ》（通英《みちひで》）を藩士（二百五十石）して招き、朱子学を講義させた。江戸の太宰春台《だざいしゅんだい》に学んだ大幸岱畎《おおさかたいけん》は古学派を伝え、その門人に四代利章の二男前田信成や大野魯山《ろざん》・那古屋一学らがおり、藩内の儒学者は多くが古学派に属していた。ところが、寛政二年（一七九〇）に「寛政異学の禁」が発令され、幕府が朱子学以外の学派を異端として禁止したので、朱子学派に転向する者が多かった。これに対し、朱子学派・古学派・陽明学派などの学派を選択折衷する穏健な折衷学派が提唱され、藩医樫田幻覚《かしだげんかく》の子大田錦城《おおたきんじょう》が江戸で大成すると、藩内の儒学者は次第に折衷学派に属するようになった。大田錦城は山本北山の江戸奚疑《けいぎ》塾で折衷学を学び、当代随一の儒学者として知られ、三河吉田藩主松平信明《のぶあきら》や加賀藩主十三代前田斉泰《なりやす》に仕え、『九経談』『大学原解』や将軍が上覧した『梧窓漫筆《ごそうまんぴつ》』など数多くの儒学書を著した。このほか、竹内福水・岩原聡山・田辺明庵をはじめ、東方祖山・東方蒙斎・東方芝山などは折衷学派の儒学者として知られた。陽明学派では、藩校会頭を務めた江守城陽や平井復斎がいた。

史学・地誌

大聖寺藩の史学・地誌に関する書物は極めて少なく、『秘要雑集《ひようざつしゅう》』『加賀江沼郡雑記』『聖藩年譜草稿』『前田家系譜』『藩国見聞録』『茇憩紀聞《ばっけいきぶん》』『加賀江沼志稿』などが現存するのみである。『秘要雑集』は天明四年（一七八四）に著者不詳が記述したもので、藩創設から寛政頃の事跡を記している。『加賀江沼郡雑記』は天保末に宮永理兵衛（無学）が記述したもので、領内の歴史・地誌を記している。『聖藩年譜草稿』は天保末に土田治兵衛（信綱）が記述したもので、大聖寺藩二百二年間の沿革を記している。『前田家系譜』は明和八年（一七七一）に井上逸斎《いっさい》が記述し、五代利直の生母である桂林院に献上したもので、大聖寺前田家の系譜を記している。『藩国見聞録』は弘化二年（一八四五）に奥村永世が記述したもので、領内の地誌、神社仏閣記、本人の旅行記、諸家の碑銘などをを記している。『茇憩紀聞』は享和三年（一八〇三）に塚谷沢右衛門が記述したもので、領内の名所旧跡、神社仏閣の口碑・伝説などを記している。『加賀江沼志稿』（三十二巻）は弘化元年（一八四四）に小塚秀得《ひでのり》が記述したもので、領内全域にわたる歴

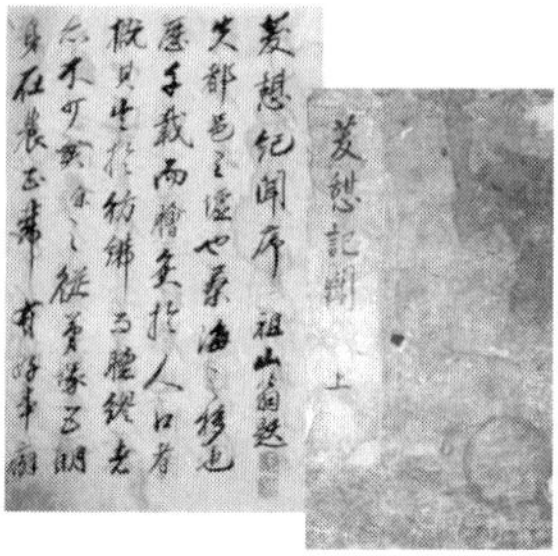

『茇憩紀聞』
（加賀市教育委員会蔵）

史・地誌を記している。同書は天保初年頃に九代利之《としこれ》の命で始まった『江沼志』の編纂事業が中断されたのち、編纂人の一人であった小塚秀得が私撰の形で完成したものである。

算学と医学

算学

数学は江戸時代に和算と称され、藩の財政、土木工事の設計、税の徴収などに必要であった。

大聖寺藩の算学は、宝暦期（一七五一〜六四）に算用方を務めた井上方照《まさてる》が江戸から清水流（測量法の一種）を伝えたが、江戸中期以降は伊藤克孝《かつたか》が伝えた関流が主流となった。関流は六代将軍徳川家宣《いえのぶ》に仕えた関孝和を始祖とする流派で、中国の算術に改良を加え、筆算による代数の計算法を発明したことにより世界の最高レベルに達していた。伊藤克孝は江戸で神谷定令《ていれい》に学び、さらに同門の越中出身の中田高寛《たかひろ》に学んだ。伊藤克孝の弟子には西尾一起《かずおき》・河嶋偕矩《とものり》・鹿野榮元《えいげん》などがおり、なかでも西尾一起が特出していた。西尾家は呉服・生絹問屋を営む傍ら算学を学び、一起から一良《かずよし》・一知《かずとも》・一之《かずゆき》へと代々引き継がれ、小池余楽《よろく》など多くの弟子を育成した。河嶋偕矩の系統には、山口知貞《ともさだ》・坪川常道《つねみち》・広田成信（亥《い》

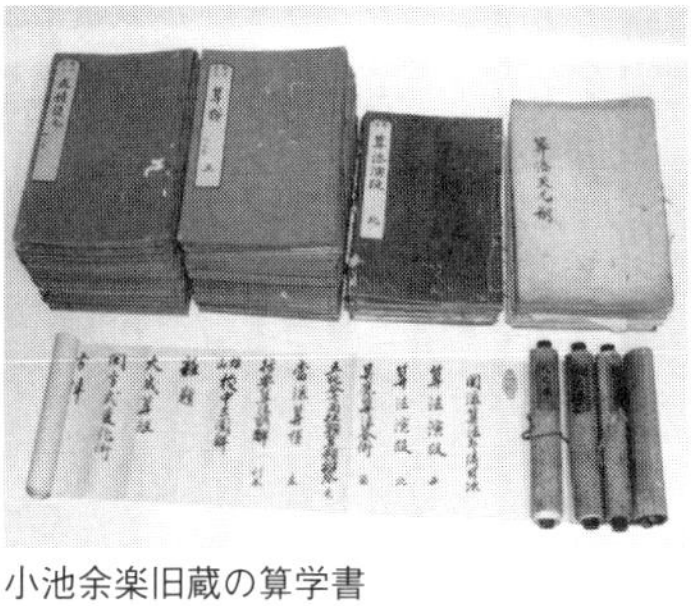

小池余楽旧蔵の算学書
（時習庵蔵）

一郎《いちろう》）などがいた。広田成信は明治初年に『洋算階梯《ようさんかいてい》』を著作するなど、明治期の数学教育において画期的な役割を果たした。なお、難問が解けたことを神仏に感謝し、さらなる向上を願って奉納された算額も、かつては一五面以上が加賀市内の社寺に奉納されていた。

医学

江戸後期には、藩の侍医《じい》（藩医）十数人のほかに民間の町医者が相当数いた。侍医の経済生活は中級武士以上であり、草鹿《くさか》家や大田錦城の実家である樫田《かしだ》家のように、医学だけでなく儒学や本草学に詳しい家もあった。草鹿家からは詩文に優れた玄仲《げんちゅう》・玄泰《げんたい》・玄龍《げんりゅう》などが、樫田家からは藩において本草学の創始者といわれる玄覚や、絵画・詩文に優れた順格《じゅんかく》などがでた。

蘭方医学（西洋医学）を学び蘭医となった者には、竹内玄洞《たけのうちげんどう》・渡辺卯三郎・馬島健吉らがいた。竹内玄洞は文政六年（一八二三）にドイツの医師シーボルトが開設した鳴滝塾《なるたきじゅく》に学び、安政五年（一八五八）に十三代将軍家定《いえさだ》の奥医師となった。アメリカ総領事ハリスの肺炎も治療し、明治元年（一八六八）には医学所頭取になった。渡辺卯三郎は嘉永元年（一八四八）に緒方洪庵《おがたこうあん》の適塾《てきじゅく》で医学・蘭学を、数年後に長崎に赴き医学を学び、同六年に適塾の七代塾頭となった。帰国後は師洪庵の二児を養育し、明治前期には金沢病院大聖寺出張所（のち江沼病院）

の開設に尽力した。馬島健吉は安政六年（一八五九）に適塾で医学・蘭学を、慶応二年（一八六六）に長崎に赴き医学を学び、明治元年（一八六八）には藩の補助を得て渡欧し、内科・外科・産科などを学び、同時に英語・仏語・独語を修めた。帰国後は金沢医学館教授となり、蘭医スロイスの通訳も務めた。その後、福井公立医学所教授や福井県病院長を務め、北陸三県医学界のリーダーとなった。

書道と絵画

書道

大聖寺藩の書道は御家流が基本であり、ほかに寺子屋では持明院流も教えたというが、儒学を学ぶ者は唐様を学んだ。江戸後期には参勤交代の際に江戸の市河《いちかわ》米庵《べいあん》に師事する者が多く、大聖寺藩士横井百翁の二男は米庵の養子となり市河遂《すい》庵《あん》と称した。遂庵とその子得庵《とあん》は、米庵同様に二百五十石で加賀藩に召抱えられた。同門には朝川同斎《あさかわどうさい》・東方蒙斎《ひがしかたもうさい》がおり、朝川同斎は十五歳で江戸に出て市河米庵に学び、のち肥前国（佐賀県）の松浦藩士朝川善庵に折衷学を学び、善庵の養子となった。

一方、京都に出て書道を学ぶ者も多かった。東方蒙斎の長男芝山は貫名海屋《ぬきなかいおく》★に、草鹿遯斎《とんさい》（玄龍）・児玉旗山《こだまきざん》は頼山陽《らいさんよう》★に、草鹿蓮渓《れんけい》（玄泰）・野田巽山《せんざん》・大田錦城

▼貫名海屋
江戸後期の阿波国（徳島県）出身の儒学者・書家・画家。市河米庵・巻菱湖（まきりょうこ）と幕末三筆に数えられる。

▼頼山陽
江戸後期の安芸国（広島県）出身の儒学者・史論家。『日本外史』『日本政記』などを著して尊皇思想を鼓吹した。

▼南画
中国の南宋画に由来する日本的解釈の江戸中期以降の画派・様式である。文人画ともいう。

は皆川淇園《きえん》に、竹内福水は亀田鵬斎《ほうさい》に学んだ。このほか、南画家★の石田忘軒《ぼうけん》・塚《つか》谷竹軒《たにちくけん》らも、書道に優れていた。塚谷竹軒（沢右衛門）は大聖寺藩士で、晩年に山代村に移住して九谷焼の復興に努めた。

絵画

江戸後期には、絵画で名を残した大聖寺藩士が十数人もいた。大聖寺町人の佐々木泉景《せんけい》は京都で狩野派を学んだのち、享和元年（一八〇一）に禁裏《きんり》御用を務め、翌年に法橋位《ほっきょうい》★を叙せられた。文化四年（一八〇七）からは加賀藩御用絵師を務め、文政四年（一八二一）には絵師の最高位法眼《ほうがん》となった。小原文英《おはらぶんえい》は禄八十石の中級武士で、はじめ狩野派、のちに江戸の谷文晁《たにぶんちょう》★から文人画を学んだ。東方蒙斎は禄百二十石の中級武士で、京都の貫名海屋に南画を学んだ。小島春晁《おしましゅんちょう》は中級武士で、江戸で谷文晁に南画を学び、「山代温泉絵」「錦城名所」などを描いた。「錦城名所」は弘化期（一八四四〜四八）に領内の名所五六カ所を描いたもので、十二代利義《としのり》に献上されたという。山口梅園《ばいえん》は禄七十石の中級武士で、はじめ小原文英に南画を、のち京都の浦上春琴《しゅんきん》★に着色画を学び、好んで蘭を描いたという。このほか、「牡丹図」を描いた山崎図書《ずしょ》、四条派を学んだ岡村鶴汀《かくてい》、狩野派を学んだ児玉大山《だいせん》、南画を学んだ山内梧郵《ごそん》・笠間桃渓《とうけい》・坂井梅屋《ばいおく》、中国明の古画を学んだ草鹿蓮浦《れんぽ》などがいた。

佐々木泉景筆　群鹿図屛風左隻
（実性院蔵）

▼法橋位
僧位の法印・法眼に次ぐ第三位であり、中世以降は医師・仏師・絵師・連歌師などにも僧位に準じて与えられた称号。

▼谷文晁
江戸後期の江戸出身の文人画家。狩野派・丸山派・南画などを学び、南宋画・北宗画の合一を企てて独自の一派をなした。

▼浦上春琴
江戸後期の備前国（岡山県）出身の画家。精密な彩色花鳥を得意とした。

これも大聖寺

柴山潟の水運

柴山潟は現在の加賀市北部にある湖で、江戸時代には串川を経て加賀藩領の今江潟に通じていた。柴山潟の周囲にあった片山津・柴山・潮津《うしおづ》・作見・中嶋・月津・額《ぬか》見《み》・串などの村々には、江戸中期に河道(船着場)があり、定期的に川舟が往来し物資を輸送していた。作見河道は江戸中期に柴山潟へ流れ込む弓波川(現八日市川)の下流、作見村領の九艘橋(現鴨橋)近くに位置し、作見湊または九艘《くそう》湊とも呼ばれていたという。また、潮津河道は柴山潟第一の河道であり、潮津湊とも呼ばれていたものの、文政七年(一八二四)には柴山潟の一部であった前潟を埋め立てて水田にした際に姿を消したという。

延宝七年(一六七九)の覚書によると、水夫二人乗りの川舟は片山津—柴山・中嶋村間が四時間掛り(水夫一人の賃銭三二文)、片山津—月津・額見村間も四時間掛り(同銭四〇文)、片山津—作見・串村間が六時間掛り(同銭四八文)であった。

さらに、遊行上人らによる実盛塚の参詣に柴山潟の水運が利用されたので、伊切村領には上人河道《しょうにんこうどう》と呼ばれる遊行上人専用の河道も整備されていた。

なお、古代の柴山潟は江戸中期に比べて二倍の広さがあったという。

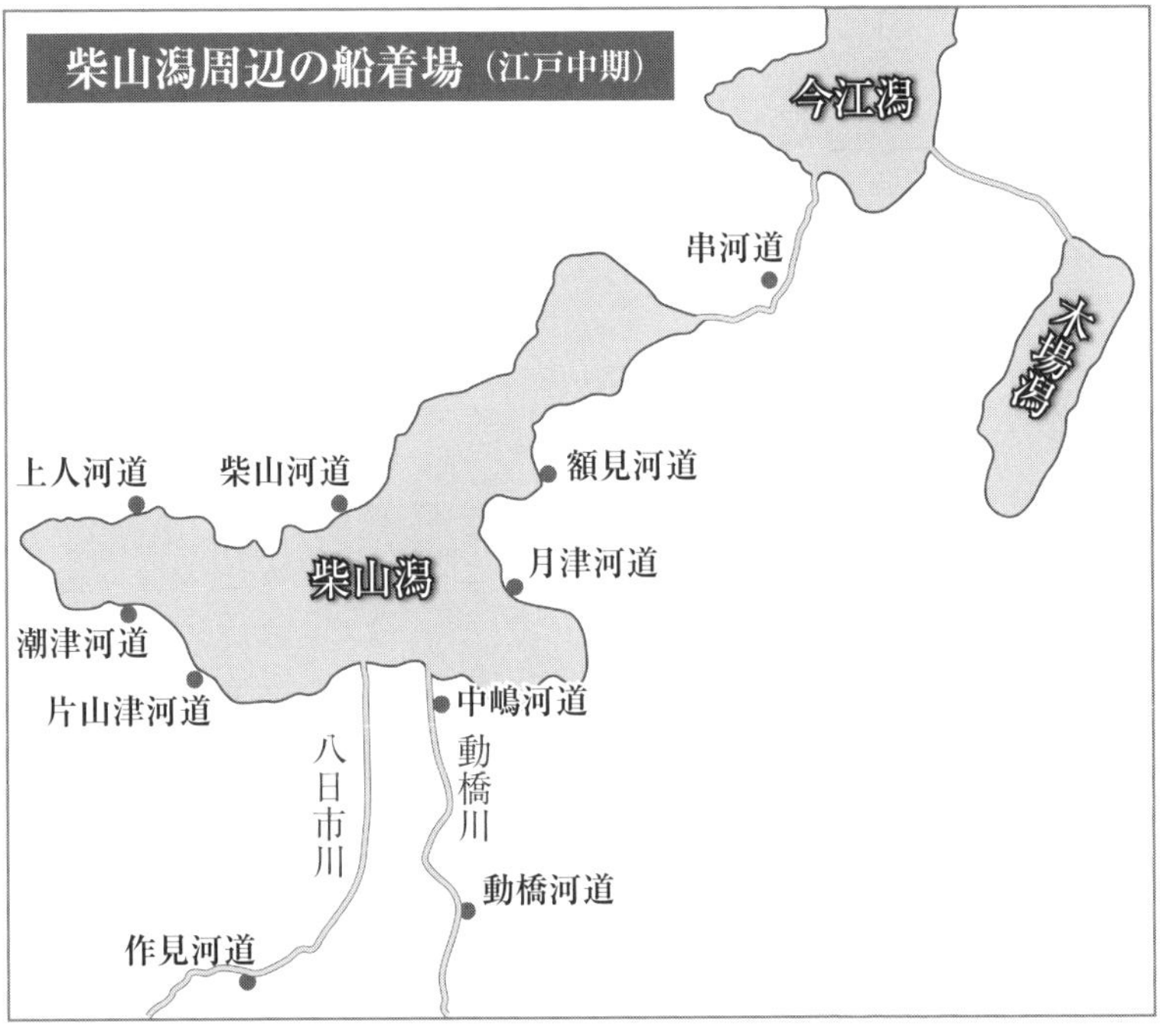

大聖寺藩人物伝②

広海《ひろうみ》二三郎《にさぶろう》（五代）

安政元年〜昭和四年（一八五四〜一九二九）

北前船主。瀬越村の北前船主四代広海二三郎の長男で、五年間の水主《かこ》生活を経て、明治十年（一八七七）に鰊粕《にしんかす》販売で巨利を占め、その資金で西洋型帆船加州丸（一五〇トン）を購入した。さらに同二十年には汽船北陸丸を購入し、外国人航海士を月給二〇〇円（邦人水夫月給八円）で雇い入れ、和船から西洋型汽船への転換により利益を増加させた。こうして経営を拡大し、同二十九年には日本海上保険株式会社を設立するとともに、筑前宮田炭坑の石炭採掘と豊後久重山の硫黄採掘を開始した。同三十三年には薩摩大島の硫黄採掘も行うようになり、同四十一年には広海商事株式会社（昭和十八年に広海汽船株式会社と改名）を創立するなど、全国的にも有名な実業家となった。同三十七年には貴族院の多額納税議員に選出されている。

大家《おおいえ》七平《しちべい》（四代）

慶応元年〜昭和四年（一八六五〜一九二九）

北前船主。瀬越村の北前船主四代広海二三郎の二男で、大家七兵衛の養子となった。明治中期に和船を西洋型汽船に切り替え、明治二十四年に神戸・北海道間に就航させ、また同二十六年には汽船愛国丸をハワイへの人夫輸送に就航させた。同三十三年には新潟・ウラジオストック・函館・カムチャッカ線を合同して日本〜シベリア〜欧州を一環とする日本海船に従事し、同三十六年には大家商事合資会社（大正十年に大家商事株式会社）を設立した。一方で同四十年には福島県信夫郡下の硫黄採掘とその輸出にも携わるようになり、大正七年には栃木県船生村で金銀銅の採掘および植林を行なった。明治四十四年には貴族院の多額納税議員に選出されている。

久保《くぼ》彦兵衛《ひこべえ》（六代）

天保一一年〜大正四年（一八四〇〜一九一五）

北前船主。橋立村の北前船主五代久保彦兵衛の子で、元治二年（一八六五）に家督百三十石を

継承し、侍格を与えられた。藩の軍制改革が実施される状況下で、同年十一月に大聖寺藩に大砲百目筒九挺を献納している。明治二年の御改制によりさらに士族格を賜り、同四年の廃藩置県時には西出孫左衛門とともに藩札の整理を担当し、金五〇〇〇両を拠出した。同十六年には大聖寺大火により金融が逼迫したため、西出・酒谷・増田家とともに出資して第八十四銀行内に産物方を設立し、同十九年には北浜教育会を設立して学校教師の視察研修・施設充実に協力し、内閣賞勲局から表彰された。所有した船（明治二十二年に五艘、分家を含めて一四艘）のほとんどは和船であったが、明治以降も海運業を営みながら地域に貢献し、同四十四年には大聖寺川水力発電株式会社の設立に尽力し、初期の社長や幹部を務めた。

西《にし》出《で》孫《まご》左《ざ》衛《え》門《もん》（十一代）

元治元年～昭和十三年（一八六四～一九三八）

北前船主。橋立村の北前船主九代西出孫左衛門の三男である。明治二十二年の船数は六艘で、一族分（中西出権吉が四艘、西谷庄八が二艘、小西出源右衛門が三艘）を含め、ほとんどが和船であった。蓄財は明治初年に累計一〇万七三六七両（船七艘）で、同十年に一八万三一三円、同二十年に二五万四一円（船七艘）であった。同二十二年には函館に支店を設け、北洋漁業に北前船の進路を見出し、同三十年代後半には本格的にカムチャッカのサケ・マス漁業に進出した。昭和七年には新たに北千島海域に転じ、大規模な沖取漁業を始め、翌年に北千島漁業を設立して北千島でのサケ・マス漁を成功させた。

増《ます》田《だ》又《また》右《え》衛門《もん》（四代）

文政八年～明治三九年（一八二五～一九〇六）

北前船主。増田家は近江国の出身で、初代又七・二代又七・三代又右衛門・四代又右衛門・五代又右衛門・六代又右衛門・七代俊丸と続いた。三代又右衛門は弘化二年（一八四五）の財政改革に金二〇〇〇両を献上し、十村格三人扶持及び居屋敷を賜った。四代又右衛門は三代の三男で、嘉永四年（一八五一）に家督相続し、父同様に十村格三人扶持を賜り、安政元年（一八五四）には青銅六貫目筒を献上して苗字を許可された。このとき、屋号桶屋を大家屋と改めた。文久元年（一八六一）と元治元年（一八六四）にも献金し、慶応元年（一八六五）には五〇俵を賜って侍格（のち士族格）となった。明治四年（一八七一）の財政整理にも、久保彦兵衛や西出孫左衛門に次ぐ金一五〇〇両を献上した。同二十二年の船数は六艘で、同三十一年の所得調査でも西出の四八八一円、久保の四四一一円に次ぐ三八六〇円と査定されている。同十六年の大聖寺町再建や同二十八年の郡立沼病院再建にも、西出や久保に次ぐ多額の資金を拠出した。

これも大聖寺

北前船の里「橋立」「瀬越」「塩屋」

橋立・瀬越《せごえ》・塩屋は、江戸後期から明治中期にかけて北前船の拠点として発展した浜方村落である。

橋立

橋立は北前船の中心的な拠点で、農業とともに海運業が盛大に行われ、天保期（一八三〇〜四四）には家数一〇〇戸、人口三二六人（うち一九六人高持、一二人無高）であった。橋立・小塩の北前船主四二人は、寛政八年（一七九六）に「船道会」という仲間組織を結成し、船主・船頭・水主などの心得「船道定法」を制定した。有力船主には、西出孫左衛門・久保彦兵衛・久保彦助・酒谷長兵衛・増田又右衛門などがおり、彼らは大聖寺藩の財政改革にも積極的に協力した。江戸後期に「泉ノ澗《いずみのま》」という湊の岬から大野山に遷された式内社の出水《いずみ》神社には、現在も北前船主が奉納した鳥居・灯籠や船絵馬一四枚が残されている。江戸後期には、泉ノ澗を見渡す見山《みやま》と小塩海岸の天崎《てんざき》に御台場が置かれた。

瀬越

瀬越は、橋立より南方の大聖寺川の河口のやや上流に位置し、天保期には家数七五戸、人口二四二人（うち一三一人高持、九一人無高）の浜方村落で、農業・漁業および海運業が行われていた。北前船の有力船主には、広海二三郎・大家七平・角谷《かどや》甚平などがおり、このうち広海家・大家家は江戸後期から輸送業を営んでいたが、同末期に急成長して明治前期に最盛期を迎えた。現在も北前船主が白山神社に奉納した船絵馬や、小樽の住吉神社に寄進した大鳥居や玉垣が残されている。

また、彼らの中には国会議員となって活躍した者もおり、明治三十七年（一九〇四）には広海二三郎が、同四十四年には大家七平が貴族院の多額納税議員に選出されている。

塩屋

塩屋は大聖寺川の河口に位置する浜方村落で、中世以来「堀切」といわれ、江戸前期には大聖寺藩唯一の外湊「堀切湊」（塩屋湊）があり、塩屋番所をはじめ湊問屋や魚問屋が建ち並んでいた。天保期には家数一三七戸、人口が二六六人（うち一四二人高持、一九六人無高）で、漁業を中心に海運業も行われていた。北前船の有力船主には、西野小左衛門・西野小右衛門・浜中八三郎・亀田吉右衛門などがおり、西野小左衛門は化政期に発展し、天保飢饉では越後国から米二〇〇石を仕入れて窮民に施したり、安政六年（一八五九）の大火では村内一二カ所に井戸を掘ったりしたことから、村人から「西様」と仰がれたという。同町の八幡神社や鹿島神社には、近年まで北前船主・船頭らが奉納した船絵馬一二枚があった。江戸後期には塩屋湊を見渡す高台に御台場が置かれた。

第四章 藩政改革と高直し

江戸後期の財政改革・軍制改革と十万石の高直し。

1 財政改革と財政策

江戸後期の財政は、参勤交代費・公儀普請費・臨時費などが増大したため在府年・在国年ともに大きな赤字が出た。そのため加賀藩をはじめ、大坂商人・大聖寺町人や北前船主から援助金・献金・御用金などを受け続けた。橋立の北前船主は献金を目的として藩士に取り立てられた。

苦しい藩財政

藩財政は藩の創設当初から苦しかったが、四代利章の治世から急速に悪化して赤字が継続した。詳しい財政状況は不明であるが、天保四年（一八三三）頃の『勘定頭覚書』から九代利之《としこれ》の治世の歳入・歳出を知ることができる。文政十年（一八二七）の藩財政は米納分（現物）と銀納分（現金）に分けられており、米納分の収入計は四万百七十九石（うち収納米三万八千百九十石、家中借知二千四十八石、会所銀年賦七十七石余など）、支出計は三万千九百四十三石（うち年内銀納所米二千五百九十五石余、翌年越銀納所米四千百石余、定式一作引免二千二百六十九石余、御家中給知・寺社領一万二千三十七石など）で、正残米はわずか八千二百三十六石であった。

一方、銀納分の収入計は銀七三三貫二三九匁（金一万一三〇〇両に相当し、内訳

大聖寺藩の御収納入高并払（文政10年、藩主在国）

入米石高	入米項目名	出米石高	出米項目名
38190石	収納米定納口米共（文政9年入高）	2590石余	年内銀納所米
1546石	家中借知并下行共（文化13年分）	4100石余	翌年越銀納所米
77石余	会所銀年賦	2269石余	定式一作引免
86石余	六斗除年賦米	400石余	林村外九ケ村一作引高
80石余	御城米年賦	372石	上々様（利之）御分限米
200石余	定式六斗除、給知下行共	200石	梅芳院様（利之生母）
		170石	造酒様・長泉院様（利信生母）
		80石	御膳米
		12037石	御家中給知・寺社領
		8000石	惣下行渡り
		2000石	御後用米
40179石余	入米石高合計	31943石余	出米石高合計

※『大聖寺藩史』『加賀市史料五』などにより作成。入米40179石余－出米31943石余＝正残米8236石余。

は御払米代＝正残米売却代三二九貫四四〇匁、年内銀納所一〇〇貫匁、翌年越銀納所一六七貫匁、小物成銀二〇貫匁、両度夫銀二九貫匁、町方諸運上一三貫四〇〇匁、湯役金五七両二歩、地子銀四〇貫匁、魚問屋口銭一二貫匁、絹運上七貫四〇〇匁余、茶運上六貫匁など）、支出計は銀八二七貫余（金一万二九二二両に相当し、内訳は御要脚金六九四〇両、親族分限金三〇〇〇両余、御帰金二三〇両、御本家様返済金一〇〇両、御郡町方返済金一〇〇両、江戸年賦金二〇八両、大坂米屋年賦銀二三貫三〇六匁など）で、銀九三貫七九五匁五分（金一四六五両）のマイ

ナスであった。これは藩主が在国年の収支であり、藩主が江戸参府年には、御衣類料一五〇〇両、御参勤御入用一五〇〇両、御参勤御供人仕切・荷物駄賃一五〇〇両などが加わって支出計は増加し、在国年の約二倍の銀一九一貫五五四匁四分六厘（金二九九三両）の赤字が出た。

大聖寺藩の知行地は次第に減少していたものの、改作法の実施により定免制が導入されていたため年貢率は固定化されており、また江戸後期には大規模な新田開発も行われなくなっていた。そのため、重要な現金収入となる大坂廻米《かいまい》（登米《のぼせまい》）や大津廻米は、二代利明の寛文期（一六六一～七三）から宝永期（一七〇四～一一）まで一万石ほどであったが、七代利物《としたね》の天明期（一七八一～八九）には僅か四千～五千石ほどに減少したうえ、藩内の産業発展も十分とはいえず、米納分の収入も銀納分の収入も増加は期待できなかった。それにも拘わらず、後述のように公儀普請費や参勤交代費などの支出が増大し、藩財政は逼迫したのである。なお、天明期（一七八一～八九）からは、有力な北前船主に成長した久保彦兵衛や西出孫左衛門らが大坂廻米の輸送に当たっている。ちなみに、富山藩の大坂廻米は寛文期に一万五千石、享保十九年（一七三四）に一万二千石で、大聖寺藩に比べて四千～五千石も多かった。

公儀普請費の増大

公儀普請（御手伝普請）とは、築城や架橋、河川改修といった土木工事を負担させることで、幕府の大名統制策のなかでも大名を財政的に最も苦しめるものであった。藩祖利治の治世は不明であるが、二代利明は寛文六年（一六六六）に禁中（皇居）造営費の負担を命じられ、銀七貫七八三匁を支出している。

五代将軍綱吉に近侍した三代利直は、元禄八年（一六九五）に江戸の西中野に江戸中の牝犬八万二〇〇〇匹を収容するための犬小屋の建築を命じられ、その費用六九八六両を大聖寺町人に御用金として割当てた。このとき幕府から贈られた犬四匹は、それぞれ米五升を付けて奥山方の四カ村に預けられている。また、宝永七年（一七一〇）には江戸城芝口御門の普請を命じられ、その費用二〇〇〇両を領民に割当てた。財政の急速な悪化に直面した四代利章は、享保十五年（一七三〇）に財政難を克服するため、町方に五〇〇両、郡方に二五〇両の御用金を課し、藩士に借知三歩を行っていたが、同十七年には江戸城虎御門の普請を命じられると、その費用一三〇〇両の内一〇〇〇両を町方に、残り三〇〇両を郡方に再び課した。

五代利道は宝暦元年（一七五一）と同三年に三河国の吉田橋を普請し、その費用五万三六五〇両を加賀藩の援助と藩士の借知、さらに町人の御用金などにより工面した。翌年二月の参勤交代は、費用が不足したため加賀藩から補助を得て実施した。

また、五代利道は同十年から同十三年に、北前船主四人と大聖寺町人三人に御用金八〇〇〇両を課している。明和六年（一七六九）の江戸城西の丸の普請でも、加賀藩に二万両、町方に九〇〇両、郡方に八〇〇両、江戸・大津・粟崎の御用聞や領内の有力商人らが起こした頼母子講《たのもしこう》★に一万両の費用を求め、なんとか遂行した。頼母子講は江戸・大津・加州粟ヶ崎および領内の豪商が一口五〇〇両で組織したもので、加州粟ヶ崎の豪商には北前船主の木屋藤右衛門がいた。

さらに、八代利考は寛政三年（一七九一）と享和二年（一八〇二）に東海道筋の川普請を命じられ、その費用を町方と郡方に割当てた。九代利之は文政十年（一八二七）に上野御霊屋（寛永寺の徳川霊廟）の修復を命じられ、その費用を町方と郡方に割当てた。

このほか、九代利之は天保七年（一八三六）に東海道の川普請を命じられ、その費用一万三九七二両を町方と郡方に割当てた。十一代利平は弘化四年（一八四七）に関東筋の川普請を命じられ、その費用を町方と郡方に割当てた。このように、財政難を悪化させた公儀普請費は、加賀藩からの借金や町方・郡方からの御用金に求める以外になかったのである。

▼頼母子講
無尽ともいい、講の組織による民間の金融組織。掛け金は一口五百両の二十口であった。

大聖寺藩の参勤交代道

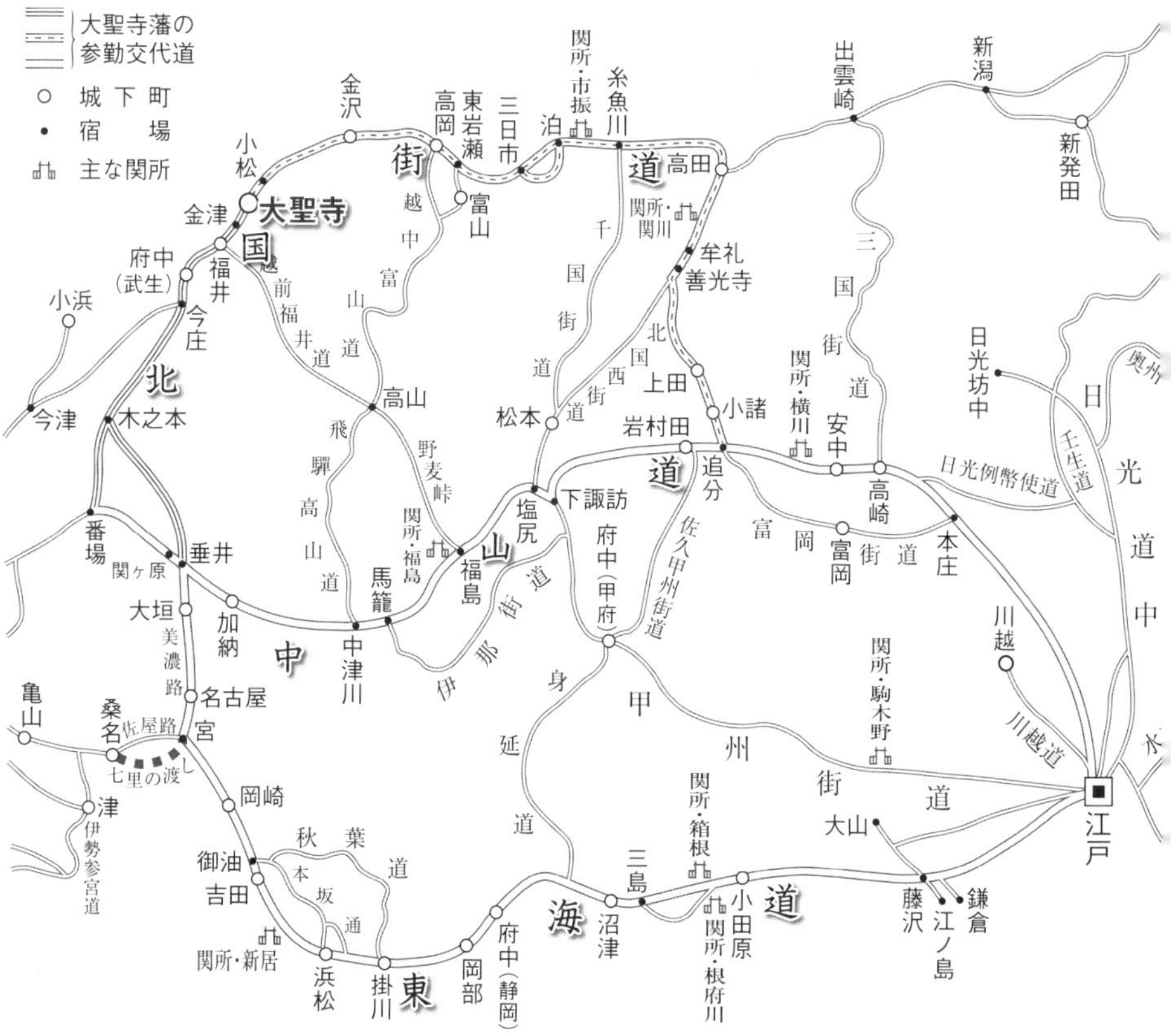

大聖寺藩の参勤交代道
城下町
宿場
主な関所
大聖寺
金沢
小松
金津
福井
府中（武生）
今庄
木之本
小浜
今津
番場
垂井
関ヶ原
大垣
加納
名古屋
宮
桑名
佐屋路
七里の渡し
亀山
津
伊勢参宮道
岡崎
御油
吉田
関所・新居
浜松
掛川
岡部
府中（静岡）
沼津
三島
関所・箱根
小田原
関所・根府川
藤沢
江ノ島
鎌倉
大山
江戸
川越
川越道
関所・駒木野
甲州街道
身延道
秋葉道
本坂通
東海道
中山道
北国街道
北陸道
高岡
東岩瀬
三日市
泊
関所・市振
糸魚川
高田
関所・関川
牟礼
善光寺
上田
小諸
追分
岩村田
関所・横川
安中
高崎
本庄
富岡
富岡街道
下諏訪
塩尻
府中（甲府）
佐久甲州街道
松本
千国街道
北国西街道
富山
越中富山道
高山
越前福井道
飛騨高山道
野麦峠
関所・福島
福島
馬籠
中津川
伊那街道
出雲崎
三国街道
新潟
新発田
日光坊中
日光例幣使道
壬生道
日光道中
奥州

参勤交代費の増大

公儀普請費に加え、財政を圧迫したのが参勤交代費であった。ここでは大聖寺藩の参勤交代をみておこう。参勤交代とは、江戸に行く参勤（参観）と国元に帰る交代（就封）があり、大聖寺藩の場合、江戸時代を通じて参勤は八八回、交代は九二回行われている。参勤交代の時期は四月が一〇七回と圧倒的に多かったが、藩祖利治はすべて九月・十月の秋冬期に行った。この秋冬期の参勤交代は、寛永十六年（一六三九）九月の加賀藩主三代利常の二男利次と三男利治との参勤交代の変更に伴うものであろう。

大名行列の人数は、享保六年（一八二一）の「武家諸法度」が定める五万石大名の規定（馬上七騎、足軽六〇人、仲間・人足一〇〇人）に従えば、「行列の内」と称する本隊の人数は一七〇〜二〇〇人ほどになり、これに「行列の外」と呼ばれる供人を加えて二五〇〜三〇〇人ほどであった。九代利之が文政五年（一八二二）四月に行った就封では、後述するように前年に大聖寺藩が十万石の格式を得たことから、供人が最大の三九七人を数え、同十年四月の就封では三四一人、十代利極が天保九年（一八三八）四月に行った就封では三七六人、十一代利平が同十年十月に行った就封では三〇六人であった。ちなみに、加賀藩の大名行列は、江戸

大聖寺藩の参勤交代（月別回数）

藩主名	種別	2月	3月	4月	5月	6月	7月	8月	9月	10月	11月	12月	不明	合計
1	参勤								7	3				10
利治	交代								2	7	1			10
2	参勤			15										15
利明	交代			4	9	1		1						15
3	参勤		1	1										2
利直	交代				1	1								2
4	参勤	1	1	1			3	1		1			5	13
利章	交代			1				1	3	1	1		6	13
5	参勤			14						1				15
利道	交代		1	12	1									14
6	参勤			1										1
利精	交代			2										2
7	参勤			1				1						2
利物	交代			2										2
8	参勤			5			1							6
利考	交代			6										6
9	参勤			11	2			1						14
利之	交代			11	2	1								14
10	参勤													
利極	交代		1											1
11	参勤			3	1									4
利平	交代			4					1					5
12	参勤			3										3
利義	交代			3										3
14	参勤		1	3										4
利鬯	交代			4		1								5
計	参勤	1	3	58	3		4	3	7	5			5	89
	交代		2	49	13	4		2	6	8	2		6	92

※『加賀藩史料』『続徳川実紀』『大聖寺藩史』『加賀市史料七』『加賀市史料九』『大聖寺藩の武家文書２』『糸魚川市史４』などにより作成。なお、参勤は江戸着駕月、交代は江戸発駕月を示す。

前期の供人三〇〇〇〜四〇〇〇人から同後期の二〇〇〇人ほどへ大幅に減少した。

参勤交代のコースは、加賀藩に準じた三コースがあった。一つは北国下街道（北陸道）を通る一三一里（約五一〇キロメートル）のコースで、大聖寺から金沢・高岡・魚津・糸魚川・牟礼宿などを経て信濃追分から中山道を通って江戸に向かった。二つは同上街道を通る一四八里（約五八一キロメートル）のコースで、大聖寺から金津・府中・木之本・関ヶ原などを経て垂井から中山道を通って江戸に向かった。三つ目のコースも同じく同上街道を通ったが、大聖寺から金津・府中・木之本・関ヶ原・垂井・大垣・名古屋などを経て宮から東海道を通り、その距離は一三九里（約五四二キロメートル）であった。北国下街道は距離が短いという利点のほかに全行程一三一里のうち四〇里が、前田一族の加賀・富山両藩領であったため、最も多く利用された。一方、同上街道は途中に親藩大名の福井藩領や、御三家筆頭の尾張藩領を通らなければならず、また東海道には「天下の嶮《けん》」で知られた箱根山や「越すに越されぬ大井川」や天竜川があったため、ほとんど利用されなかった。大聖寺藩は同下街道ルートで参勤交代を行う際は、必ず金沢城下の旅籠（本陣は浅野屋）に宿泊して藩主が金沢城に出向き、挨拶するとともに、前田家菩提寺の宝円寺や天徳院の参詣を行った。

大聖寺藩にとって、こうした参勤交代にかかる費用は重い負担であった。九代利之による文政五年（一八二二）四月の参勤交代関係費は、銀二一〇貫（金三五〇

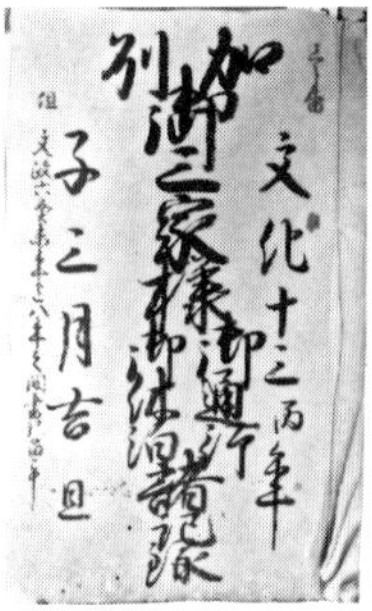

加州御三家様御通行御休泊諸記録（糸魚川市教育委員会保管）

〇両）で、これは藩主が在国年の支出銀の二五パーセント以上に相当した。江戸後期に藩の支出銀の約六割は江戸で消費されており、藩主が在府年は藩主が在国年の二倍の赤字が出ていたのも納得できよう。

臨時費の増大

右のような公儀普請費や参勤交代費の増加に加え、臨時的に行われた遊行上人★や廻国上使の接待費も藩財政を逼迫させる要因となった。相模国の藤沢宿にあった清浄光寺《しょうじょうこうじ》（遊行寺）の遊行上人は、江戸時代にも全国津々浦々を廻国し、民衆に対し化益《けやく》（感化・教導し、利益を与える）・賦算★（札配り）を行った。遊行上人一行は、幕府から馬五〇匹と人足五〇人を無料で徴発することができる権利を有する「伝馬朱印」を得たのち、北関東から全国廻国布教の旅に出発した。上人一行の宿泊先は主に時宗の末寺であったが、時宗の寺院がない場合には他宗（浄土真宗が多い）の寺院や旅籠または村肝煎の家に宿泊した。

北国筋では越中・越後両国の廻国布教を経て加賀国に入り、金沢玉泉寺★において二〜三カ月の冬季逗留を経て、翌春に小松の多太八幡宮《ただはちまんぐう》（加賀藩領）と篠原新村の実盛塚（大聖寺藩領）を参詣することを常としていた。遊行上人一行百人余は正徳四年（一七一四）正月二十九日に金沢玉泉寺を出立して小松で宿泊し、翌

▼遊行上人
時宗（時衆）遊行派の指導者。鎌倉中期以来、全国各地を遊行して念仏を説き、江戸時代に至っても幕府や藩の保護により、形式化しながらも遊行が行われた。

▼賦算
「南無阿弥陀仏、決定往生六十万人」と明記した札を配った。

▼金沢玉泉寺
もと越中国新川郡新庄にあって浄禅寺と称し、慶長十六年（一六一一）に加賀藩主二代利長によって高岡に移されたものの、利長の死去に伴い、元和三年（一六一七）に室玉泉院よって金沢の泉野に移され、寛永六年（一六二九）二月に玉泉寺と改名された。加賀国唯一の時宗寺院。

遊行上人の実盛塚回向

上人名	回向年月	備考
35代 法爾	寛永６年（1629）２月19日	
39代 慈光	承応４年（1655）３月13日	
42代 尊任	寛文12年（1672）３月15日	
43代 尊真	元禄２年（1689）３月10日	
46代 尊証	元禄12年（1699）３月６日	
49代 一法	正徳４年（1714）２月１日	一行100余人、本陣は江戸屋
50代 快存	享保14年（1729）２月20日	一行100余人、本陣は味噌屋
51代 賦存	延享２年（1745）３月６日	一行100余人、本陣は柏屋、下宿10戸
53代 存如	安永２年（1773）２月19日	
54代 尊祐	寛政６年（1794）２月21日	
55代 一空	文化12年（1815）２月18日	

※『小松旧記』「日記頭書」「一蓬君日記」「清水家記録」『遊行日鑑』などにより作成。

日の午前中に小松の多太八幡宮を、午後には篠原新村の実盛塚を参詣した。上人一行は加賀藩領の今江村から数艘の船に乗って大聖寺藩領の伊切村にある上人河道《しょうにんこうどう》（船着場）で下船し、そこから徒歩で実盛塚へ向かい、大聖寺藩が仮屋や仮長屋を建て、その周りを矢来で囲った実盛塚において阿弥陀経の念仏を唱えた。その後、上人一行は午後五時頃に大聖寺城下の本陣や下宿に着き、藩主から御馳走や献金二〇〇疋など受けた。

また、遊行上人一行百人余は、延享三年（一七四六）三月五日に金沢を出立して小松で宿泊し、翌日の朝に小松の多太八幡宮

弘化期の実盛塚
（「錦城名所」所収）

廻国上使の大聖寺藩巡見

将軍名	巡見年月日	上使名
4代 家綱	寛文7年（1667）7月3日	甲斐庄正親、神保正利、鳥居忠以
5代 綱吉	天和元年（1681）6月19日	大関増公、中根正武、内藤忠広
6代 家宣	宝永7年（1710）6月25日	島田守、高井端清、筧為勝
8代 吉宗	享保2年（1717）4月20日	鳥居成豊、小菅正親、天野規重
9代 家重	延享3年（1746）4月19日	大久保教平、筑紫通門、山岡景之
10代 家治	宝暦11年（1761）4月15日	依田恒信、前田玄昌、松浦備
11代 家斉	天明9年（1789）4月13日	筑紫于門、大久保忠教、堀直安
12代 家慶	天保9年（1838）4月 8日	木下内記、石屋織部、筧新太郎

※『徳川実紀』『加賀藩史料』『加賀市史料』『大聖寺藩の武家文書2』などにより作成。

を参詣し、板御名号と鳥目一貫文を納め、拝殿で弥陀経の回向を行った。

その後、上人一行らは加賀藩役人の案内で今江村から数艘の船に乗って、四ッ時（午前一〇時）に大聖寺藩役人が待つ伊切村の上人河道で下船し、そこから徒歩で篠原新村の実盛塚へ向かった。船中では加賀藩役人から上人へ蒸菓子が、従僧らへ強飯が出された。上人一行は大聖寺藩が仮屋や仮長屋を建て、その周りを矢来で囲い、中央に御札と御歌が備えられた実盛塚において弥陀経の念仏を唱えた。実盛塚の回向終了後、上人一行らは旧例に従って大聖寺城下へ徒歩で移動し、七ッ時（午後四時）に本陣柏屋や下宿一〇軒に入り、藩主から御馳走や献金二〇〇疋など受けた。これに対し、上人は本陣の亭主に麻上下と御歌を、下宿一〇軒や馳走役人・町役人九人に御守と御名号を与えた。

このように、毎回、実盛塚前に仮屋や仮長屋など建てて参詣の準備すること、大聖寺城下の本陣や下宿を準備することなど、その費用はかなりのものがあった。

江戸幕府は寛永十年（一六三三）に諸国巡検使（廻国上使★）を全国の六地域に派遣し、五代将軍徳川綱吉が将軍職に就いた天和元年（一六八一）からは、全国を八地域（五畿内筋・四国筋・九州筋・中国筋・北国筋・奥州筋・関東筋・東海道筋）に分けて、将軍の交替ごとに十二代徳川家慶の天保九年（一八三八）まで八回派遣した。廻国上使は若年寄使番一人を正使、小姓番と書院番から各一人を副使として組織されることが一般的であり、諸藩の政治実態を美政・中美政・中悪政・悪政などに格付けした。

大聖寺藩では、寛文七年（一六六七）から天保九年まで廻国上使の巡検が八回行われ、巡検の翌日に遊行上人と同様に実盛塚を参詣した。天明九年（一七八九）の廻国上使の巡検では、上使（筑紫于門）一行四六人が吉崎屋に、副使（大久保忠教）一行六〇人が吉田屋に、目付（堀直安）一行三〇人が福田屋に宿泊し、巡検の翌日に実盛塚を参詣した。本陣を務めた吉崎屋・吉田屋・福田屋などは、二年前から廻国上使の宿泊準備をしており、その費用もかなりのものであった。なお、この廻国上使は宝永七年（一七一〇）の一回を除き、すべて遊行上人とは逆コースで大聖寺藩の巡検を行った。

▼廻国上使
江戸幕府が諸藩の政治を視察するため、将軍の交代ごとに諸国に派遣した使者。

北前船主の登用

江戸中期以降の財政難に対し、大聖寺藩は年貢収納の強化、諸産業の振興、本藩の援助、藩士の借知（給料の一部不払い）、町人の御用金の徴収などを行った。正徳一揆や毛谷村事件でみられたように、藩は凶作時にも減免を容易に認めず、新田開発を奨励して総石高の二割ほどを開発したものの、河川の急流により引水が困難であったので、それ以上の開発はみられなかった。また廻船業・漆器業・陶器業・製絹業など除いて、産業の発展も十分ではなかった。

大聖寺藩の財政は、基本的に赤字構造で、財政改革を行ったものの加賀藩の支援なしには成り立たなかったのである。これは、支藩である富山藩や七日市藩（上野国）も同様であった。つまり、加賀藩は、支藩の創設後も「同族」としての結合関係を維持し続け、支藩の本藩への従属度は高くならざるを得なかった。これが可能になった背景には、加賀藩が「大国」であったこと、さらに前田家が、増石や転封で本家・分家の関係が変化することが多かった譜代大名ではないことがあったといわれている。

このような財政策を進めるなか、大聖寺藩は、江戸後期に北前船の経済力に着目するようになった。藩は、調達金や献金を得るために北前船主らに苗字帯刀を許可し、扶持高や十村格・士分格を付与するとともに、武士にも登用したのである。たとえば、橋立の二代角谷与市郎は天明三年（一七八三）に組外並馬乗次列・御勝手方元〆役を務め、一二〇俵を拝領し大聖寺城下に移り、寛政十年（一七九八）に米札方百五十石取となった。二代梶谷与兵衛は天明三年に御徒小頭列・御勝手方仕送御用を務め、大聖寺城下に移り一二〇俵を拝領し、のち百五十石取となった。西出一八（六代西出孫左衛門の後継者）は天明四年に百七十石を拝領して大聖寺城下に移り、御勝手方元〆役となり、橋立の北前船主から調達金や献金を集める世話係も務めた。

北前船主の西出孫二郎は、寛政三年二月に船五艘と土蔵一棟、金六〇〇〇両余の上納を藩に願い出たが、藩は孫二郎に従来通り商売して、利益の九割を毎年藩に上納せよと命じた。北前船に倣って積極的に財政立て直しを考えるならば、藩が自ら北前船を経営することが望ましいと思われたが、そうした政策は全くみられなかった。もし藩が十数艘の北前船をもって直接経営に乗り出したならば、毎年少なくとも金一万両の収益を上げ、藩財政の大きな助けとなったことは間違いない。その後、重臣の東方芝山《ひがしかたしざん》も文久二年（一八六二）に軍艦を製造し、平時は商船に用い、北前船に倣い蝦夷地の交易に当たらせることを十四代利鬯《としか》に献言したが、このときも藩は北前船を経営することはなかった。ちなみに、富山藩の売薬業は天保年間（一八三〇～四四）に売上高が金五万両で、このうち売薬業者の納付金が二万両になり、藩財政の約一五パーセントを占めていた。

大聖寺藩は、江戸後期からこうした北前船主の経済力に大きく依存するようになっていった。十一代利平は弘化二年（一八四五）に財政改革を実施し、久保彦兵衛ら北前船主九人に献金二万七〇〇〇両（うち久保一万両）を上納させ、十二代利義は嘉永年間（一八四八〜五四）に海防の整備に際し久保彦兵衛・西出孫左衛門ら北前船主一二人、および橋立・小塩両村などに軍備資金一万三五〇〇両を上納させた。また十四代利鬯は明治四年（一八七一）に最後の藩札整理を実施し、久保彦兵衛・西出孫左衛門（両人とも五〇〇〇両）ら北前船主五人に御用金二万七〇〇〇両を上納させている。なお、禄高を受け士分格に列せられた北前船主は、江戸末期に橋立の久保彦兵衛・西出孫左衛門など一一人がいた。このように、大聖寺藩は、加賀藩の援助、大坂商人や大聖寺町人の借金や御用金に依存していたが、次第に北前船主の献金や御用金が重要な収入源となっていった。

②お家の大事

九代利之は大聖寺藩最大の失政といわれる「十万石の高直し」を実施し、さらに藩財政の赤字を増加させた。江戸末期に水戸天狗党が領内に侵入することを恐れた藩は、これまでにみられない最大数の藩兵を出動させて侵入に備えた。

十万石の高直し

苦しい財政状況下のなかで実施された十万石の高直しは、さらに大聖寺藩を苦しめることになった。九代利之治世の文政四年（一八二一）十二月、長年の大聖寺藩の懇願を受け入れた加賀藩の願書により、大聖寺藩は幕府から十万石の待遇を公認された。十万石の内訳は本高七万石と新田高一万石に、毎年、本藩から支給される御蔵米二万石（五公五民として石高二万石に相当）を加えたものであったが、幕府の領知朱印状★は八万石で、本藩の支給米も金三〇〇両に過ぎなかった。九代利之は正に名を得て実を捨て、諸藩とは逆に実高よりも表高が多い便宜的な高直しを行なったのである。御蔵米二万石の支給を加賀藩から得たことは、本藩からそれだけの家臣の分与がなされないため、本藩への従属度を一層強めることになった。

▼朱印状
幕府の将軍から拝領した「領知朱印状」のこと。

このような形式主義は藩主の名誉欲に過ぎず、十万石になって得られたものは、参勤交代時の将軍からの使者や賜物程度であった。しかし他方で十万石相当の公課を負担せねばならず、赤字続きの外様中藩が執るべき政策ではなかった。九代利之は高直しの許可と同時に「すべての物入りが増加するから、倹約を旨とし、内心は五万石のつもりで暮らすように」と布告を発したが、ほとんど効果はなかった。九代利之は『加賀江沼志稿』の編纂を奨めた好学の藩主であったが、彼の形式論の結果は、一代にして取り返しのつかぬ大患を生んでしまった。郷土史家の日置謙氏は、『大聖寺藩史』の中で「ひいき目にも深慮ある処置とは言ひ得なかったようだ」と記し、藩主の面目主義を痛烈に批判している。

大聖寺藩の高直し願書を破棄することも可能であった加賀藩が、なぜこのタイミングで幕府に願書を提出したのかは不明であるが、石直しは結果的に大聖寺藩の財政をさらに悪化させる要因になった。のちに天保の飢饉に直面した十一代利平は、「できたら十万石を辞退して、もとの七万石にかえりたい」と真剣に考えたが、加賀藩の反対もあり現実できなかった。

水戸天狗党の警備

水戸天狗党の藤田小四郎《ふじたこしろう》らは水戸藩の保守色にあきたらず、元治元年（一八六四）春に常陸国（茨城県）筑波山で兵をあげ、武田耕雲斎《たけだこううんさい》らと合流して上洛を目指した。彼らは幕府軍を破りながら上州・信州に進み、木曽路から越前国に向かったため、京都守護職の一橋慶喜《ひとつばしよしのぶ》は、水戸天狗党を京都から十里（約四〇キロメートル）の地でくい止めようと、折からの長州征伐軍の残兵を派遣するとともに、加賀藩にも出兵を命じた。加賀藩の永原甚七郎らは越前国敦賀《つるが》で水戸天狗党を迎え撃つため出陣し、同年十二月十九日に同国の山中でこれと対峙《たいじ》したが、水戸天狗党の浪士らは交戦せず加賀軍に降参したので、永原らは浪士八〇〇人を敦賀で幕府軍にひき渡した。ところが、幕府軍は浪士に対し暴虐《ぼうぎゃく》を加え、翌年二月に耕雲斎以下二五〇人を斬殺、以下追放・流刑・水戸送還などに処した。

大聖寺藩は福井藩や丸岡藩の要請に応じて、元治元年十二月九日に家老前田主計《かずえ》（利寧《としやす》）の一隊を山中村に、その支隊を我谷村に、家老山崎権丞の一隊を北原村に派遣し、加越国境の大内峠・風谷峠・牛ノ谷峠などの防衛に当てた。大聖寺藩は加越国境の藩兵を越前国へ進出させるため、加賀藩に藩兵を小松まで進出させることを要請したので、加賀藩は同月十一日に藩兵六〇〇人余（十六日に越前国に移動）を、同月十六日に藩兵六八〇人余を小松に派遣した。

家老前田中務《なかつかさ》（信成《のぶなり》）の一隊は、十二月十日に橋村に出陣したので、山中村に出陣していた前田主計の一隊は少数の守兵を残し、翌十一日に大聖寺に帰陣して福井藩の援軍に備えた。やがて、前田主計と前田中務の二隊は越前国に進出し、前田主計の隊は鯖江に、前田中務の隊は麻生津《あそうづ》（福井市）に陣して、福井藩の後援を努めた。その後、前田主計は同月十九日に福井藩の要請を受け、二隊の藩兵を漸次越前国より引上げ、二十三日に撤退を完了した。山崎権丞の一隊は十三日に北原村から右村に移って陣し、事件が終わるまで動かなかった。大聖寺藩は水戸天狗党の上洛事件を国境警備の観点から重大視し、一〇〇〇人余の藩兵を出動させた。この数は禁門の変の一二〇人、長州征討の二〇〇人、越後戦争の二五四人に比べて極めて多かった。なお、大聖寺藩士には「我等の死場所は細呂木のノットウ坂なり」という常套語《じょうとうご》があり、隣国の福井藩と戦闘になった場合には、敵軍が領内に侵入する前に加越国境の越前細呂木まで進撃して戦う原則があった。

③ 海防策と軍制改革

伊能忠敬は第四次測量として来藩して領内の沿岸を測量した。十一代利平は軍政改革を実施し、軍隊や軍備を整えた。十二代利義は御台場用の大砲を製造したものの、資金不足のため数挺しか製造できず、残りは北前船主が製造して献上した。

伊能忠敬の領内測量

江戸後期になると、日本沿岸に現れる外国船が増加した。徳川幕府は、寛政四年（一七九二）にラクスマン★（ロシア）の根室来航に驚いて松前藩に蝦夷地の警備を命じ、諸藩に異国船取扱方を指令するとともに海防の強化を命じた。これに対し大聖寺藩は、翌年に海防掛役（先手物頭・大目付・大筒方）を任命し、片野浜で大砲（百目砲・二百目砲・三百目砲・五百目砲）の射撃訓練を行った。

こうした対外防衛が強く意識されるようになり、幕府は国防の観点から沿岸地図が必要と考え、伊能忠敬《いのうただたか》★による全国測量が寛政十二年（一八〇〇）から十七年間にわたって行われた。大聖寺藩の沿岸部が測量されたのは、享和三年（一八〇三）から開始された第四次測量においてであった。

▼ラクスマン
ロシアの陸軍軍人で、寛政四年（一七九二）に最初の公式使節として、漂流民の大黒屋光太夫らを送還して根室に来航した。

▼伊能忠敬
江戸後期の上総国（千葉県）出身の地理学者・測量家。著書に『大日本沿海実測録』がある。

第四次測量は、享和三年二月二十五日に江戸を出立し、東海・北陸・佐渡を測量して、十月七日に江戸へ帰着する二一九日の旅であった。忠敬ら測量隊一行八人は、六月二十二日に越前国三国に、二十三日には梶浦を経て吉崎浦に着き東本願寺掛所《かけしょ》（吉崎御坊）に宿泊した。測量隊一行は、二十四日の朝七時頃に吉崎を出発したものの、ほどなく小雨となったため測量を中止し、正午前に大聖寺城下に入って本町の板屋と松屋に宿泊した。二十五日には大聖寺を朝六時に出て雨のなか塩屋村に着き測量を行った。そこへ藩の下役人や右村の十村堀野新四郎が挨拶に訪れている。同日午後は片野村で測量を行い、下役人と分校村の十村和田半助、十村番代二人の挨拶を受けている。この日は片野村の肝煎木屋源右衛門宅で宿泊した。二十六日には片野村を朝六時に出て測量を行い、正午前には橋立村に着き、橋立・小塩・田尻・千崎・塩浜・笹原村を手分けして測量した。ここでも下役人と山代新村の十村木崎平兵衛が挨拶に訪れている。橋立村の宿は一向宗東派の因随寺《いんずいじ》（現福井別院橋立支院）であった。そして大聖寺藩領での測量最終日となった二十七日朝、橋立村を出立して雨のなか新保・浜佐美・日末村などを測量し、午後には大聖寺藩領の測量を終えて加賀藩領の安宅浦田端町の網七左衛門宅に到着し、そこに宿泊した。

測量法は、竹製の梵天《ぼんてん》★を道の曲がり角に立て、鉄鎖《てっさ》★や量程車《りょうていしゃ》★で距離を測り、弯窠羅鍼《わんからしん》★で方角を読み取る道線法が用いられた。忠敬は、坂道では象限儀《しょうげんぎ》★で勾《こう》

▼梵天
竹竿の先に数枚の紙や布を短冊状に吊した目標物のこと。

▼鉄鎖
距離測定用の鉄の鎖で、内（うち）法（のり）一尺の鉄線を鎖状に六十本（十間）繋いだもの。

▼量程車
車輪に連動した歯車の回転数で距離を測る器具。

▼弯窠羅鍼
距離とともに測線の曲がり角で各地点の方位を測る器具。

▼象限儀
円周の四分の一の目盛盤に望遠鏡がつき、天体を観測しながら現在地の緯度を測る器具。

配《ばい》を測り、三角関数表を用いて水平距離に換算し、また測線を赤実線で記し、海岸線を目測で書き入れた。先端が見えない岬などは、村役人の話を参考にして描き、必要があれば船を出させて海上で縄を張って測量した。また、交会法《こうかいほう》★により半円方位盤を用いて白山のような高山の方角を複数の地点から測量し、製図の際に生じる誤差を修正した。昼は地道な測量作業を丁寧に繰り返し、夜は宿所の空き地に象限儀を立てて北極星と恒星の高度を測り、緯度を算出した。

十一代前田利平の軍制改革

一方、大聖寺藩では、国内外の情勢の変化に応じて、弘化期（一八四四〜四八）に大掛かりな軍事改革が実施された。これは、文化五年（一八〇八）のフェートン号事件★などを受けて、幕府が文政八年（一八二五）に「異国船打払令」を出したことが背景にあった。

それ以前の大聖寺藩の軍制についてみておくと、藩祖利治が定めた軍役内規は、従兵二七四八人、騎馬一五五人、近習等三九人、先手旗本足軽二四九人、持鑓《もちやり》・長柄鑓《ながえやり》一二五人、小荷駄夫馬二八三疋となっていた。ちなみに、慶安二年（一六四九）に幕府が定めた軍役規定では、七万石の大名は従兵一四六三人、鉄砲二〇〇挺、弓五〇張、槍一〇〇本、馬上一一〇騎、旗一五本となっていた。また、二

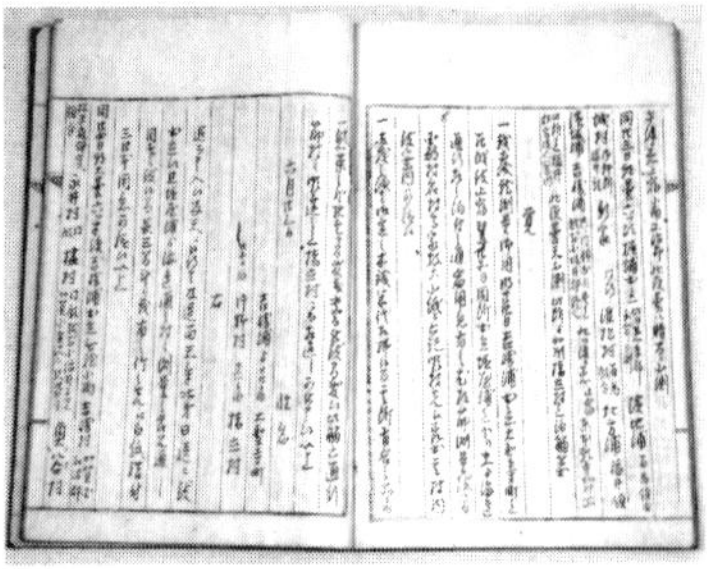

伊能忠敬測量日誌
（伊能忠敬記念館所蔵）

▼交会法
二、三の既知点から未知点へ方向線を引き、その交点として未知点の位置を決める測量方法。

▼フェートン号事件
文化八年（一八〇八）にイギリスの軍艦フェートン号がオランダの国旗を掲げて長崎湊に侵入した事件。

代利明は神谷内膳の献策を受けて、火砲を鋳造するとともに、兵学者千田次太夫・高橋十郎左衛門などを招き家臣とした。江戸後期には、九代利之が天保三年（一八三二）に武具の整理を行い、扇子二本、朱傘一本、馬印二本、旗一四流、旗竿七二本、陣太鼓六つ、法螺《ほら》四つ、貝侍具足一二六領、足軽具足二六三領、足軽皮笠二八〇枚、足軽指物四六〇本、鑓三四二本、番刀二〇〇本、番脇指六〇本、布幕三三張、提灯一〇〇張など藩邸の御武具土蔵に準備した。

十一代利平が弘化期に行った軍制改革は、それまでのものとは異なる大掛かりな改革であった。十一代利平は、弘化二年（一八四五）十一月から改革に取り掛かり、同四年正月に草案を作成し、嘉永二年（一八四九）四月に改革を実施した。十一代利平は家老・組頭・三奉行・徒頭・足軽頭・使番・使役・惣旗奉行・長柄奉行などに向けて軍事心得を発表し、家老の二人を城代として藩邸守備の任に就かせ、残り家老を人持組の各一隊部将とした。また人持組を全軍の先鋒とし、その大将三人と馬廻組を藩主の護衛に当てた。定番馬廻組は城代に属して留守部隊となり、組外組は馬廻組または定番馬廻組を補充し、新番組は近侍護衛を補充した。持方足軽は弓・銃を持ち旗本に属し、先手組足軽も弓隊と銃隊とに分かれ、先鋒の人持組に分属した。十二代利義は、十一代利平の軍制改革に基づき、安政二年（一八五五）正月に上木浜で大掛かりな訓練を実施している。

北前船主の大砲製造

大聖寺藩は文政八年の「異国船打払令」に従い、翌年七月に日末・橋立・塩屋村の三カ所に御台場を築造し、各所に御台場掛を置いて管理した。日末御台場は不明であるが、橋立御台場は見山の頂上と小塩浜の天崎の二カ所、塩屋御台場は塩屋湊を見下ろす金比羅神社の高台と外海を見渡す高台の二カ所に設けられていた。嘉永三年（一八五〇）には、塩屋御台場に大砲三挺（一貫目筒二挺と五〇〇目筒一挺）と係り三〇人（武士一一人・足軽五人・力者一四人）、橋立御台場に五挺（六貫目筒一挺と一貫目筒四挺）と係り六二人（武士二二人・足軽一二人・力者二八人）、日末御台場に三挺（六貫目筒ホウイッスル一挺・三貫目筒ホウイッスル一挺・一貫五〇〇目筒一挺）と係り二六人（武士一七人・足軽三人・力者六人）を置く計画になっていた。この頃、御台場係り主任は、塩屋が西出源蔵、橋立が時枝忠次郎、日末が酒井嘉門であった。

十二代利義は海防の必要性を痛感し、嘉永四年十二月に西出源蔵を金沢に遣わし、翌年九月に吹屋村山四郎兵衛に青銅一貫目玉筒と同二百目玉筒を鋳造させた。このとき、頭取河野久太郎・三木善兵衛・河野茂三郎ら五人は西出源蔵の指導を受け、吹屋村山四郎兵衛とともに金沢で大筒の鋳造に当たったものの、資金不足

弘化期の日末御台場
（「錦城名所」所収）

のため二一挺中三挺しか完成できなかった。この資金難に対応したのは北前船主で、西出源蔵から資金不足を聞いた久保彦兵衛は、残り一八挺の大砲と台車の製造費用として一四三〇両余を献金した。また、北前船主の四代増田又右衛門は、同七年閏七月に金沢製の青銅製忽砲大筒（目方六貫、玉目方一三〇匁）を藩に献上している。

このように、久保彦兵衛や西出孫左衛門・増田又右衛門・西野八三郎らの北前船主は、嘉永五年から慶応元年（一八六五）まで大筒（百目砲・二百目砲）や小銃（足軽用鉄砲）を多数製造して、橋立村の東出浜の御筒土蔵に収納するとともに、その一部を小塩・塩屋・日末の御台場に設置した。これら大小砲の献上金は、江戸末期に橋立・小塩両村の北前船主だけで八八〇〇両に達しており、領内の他村合計四五〇〇両に比べ極めて多かった。

財政難を抱えながら軍備に当たらなければならない状況は、程度の差はあっても諸藩同様で、大聖寺藩の場合、北前船主の力が不可欠であった。しかしながら、嘉永七年（一八五四）には日米和親条約、その四年後には安政の五カ国条約が締結されて日本は国際市場のなかに取り込まれ、国内情勢もまた大きく変わろうとしていた。

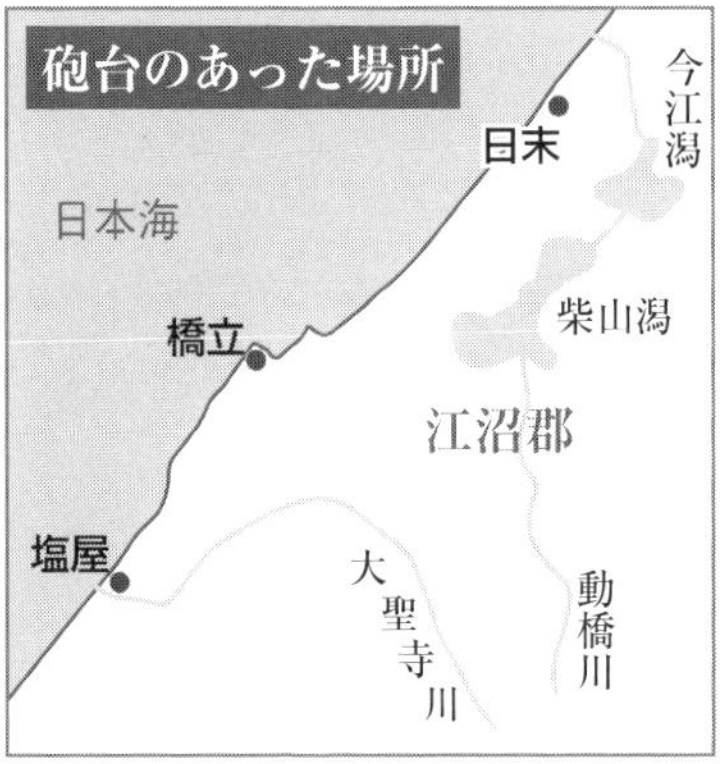

名湯「山中温泉」「山代温泉」「片山津温泉」

石川県は温泉地であり、現在加賀市には山中・山代・片山津の温泉がある。

山中温泉

奈良時代に名僧行基により開湯され、鎌倉初期に御家人の長谷部信連★が再興したと伝えられている。文明五年（一四七三）には蓮如上人が入湯し、天正八年（一五八〇）には柴田勝家が制札を建てて保護した。江戸時代になると、加賀藩主二代利長が慶長五年（一六〇〇）に山中温泉を支配し、同七年に湯銭の請取書を山中村に与えている。湯宿数は元和元年（一六一五）に一〇軒、慶安三年（一六五〇）に四八軒、正徳五年（一七一五）に四七軒、文政七年（一八二四）に五四軒、安政六年（一八五九）に四四軒で、湯本には「湯本十二軒」と称する有力湯宿があった。

弘化期の山中温泉（「錦城名所」所収）

元禄二年（一六八九）に、その一つに数えられる泉屋に松尾芭蕉が八日間滞在し、「扶桑三の名湯」と讃えたことは有名である。湯宿には内湯（浴室）がなかったので、湯治客は「湯座屋《ゆざや》」と呼ばれた惣湯（総湯）に入った。惣湯は元和七年（一六二一）と明和四年（一七六七）に建て替えられ、後者では大きな建物に計六個の湯壺（男湯三個、女湯三個）が設けられた。江戸後期には大聖寺藩主や家臣をはじめ、諸藩の武士や各宗派の上人、北前船主・船頭や領民など年間に約三万人が入湯し、全国に広く知られていた。

山代温泉

奈良時代に名僧行基により開湯され、平安後期に花山法皇が再興したと伝えられる。同期には悉曇《しったん》学の第一人者明覚《みょうがく》が隠棲《いんせい》し、戦国末期に傷を負った明智光秀が湯治している。江戸前期には、加賀藩主三代利常が専用の湯壺を設け、旅屋番として堀口宗也を置いて管理させた。湯宿数は天明元年（一七八一）に一八軒、享和三年（一八〇三）に一八軒、文化一四年（一八一七）頃に一九軒あり、山中温泉とは異なり、これらのなかには内湯を有する湯宿が数軒あった。惣湯は上湯と下湯の二槽があり、明和四年（一七六七）に瓦屋根から柿葺《こけらぶ》きに建て替えられた。江戸後期には大聖寺藩主や家臣をはじめ、諸藩武士や各宗派の上人、北前船主・船頭や領民など年間に約二万人が入湯し、全国に広く知られていた。

片山津温泉

大聖寺藩主二代利明が、承応二年（一六五三）に柴山潟の周辺で鷹狩りを行った際、水鳥が群をなすのを見て潟中に温泉を発見した。二代利明は、温泉を利用しようと藩費で埋立工事を行ったがうまくいかず、七代利物も天明四年（一七八四）に温泉周辺の埋立工事を行ったものの成功しなかった。九代利之は文政六年（一八二三）に能登国羽咋郡の畔鍬《くろくわ》恒右衛門らを雇い、水中に箱を入れて湯と水を分けさせるとともに、潟端に建てた小屋に湯を運び、近辺の村人らを入湯させた。

湯には塩分が含まれており、切り傷によく効いたが、小屋での入湯もしばらくして中断した。

片山津温泉の本格的開発が始まるのは明治に入ってからで、明治三年（一八七〇）に羽咋郡白瀬村の久兵衛と隣村の善兵衛、さらに片山津村の藤沢長三郎が協力して源泉を確保した。これは冬の偏西風で一夜のうちに使えなくなってしまったが、同九年の大規模な埋立工事を経てようやく多くの人が入浴できるようになり、翌年には片山津で最初の温泉旅館が開業した。

民謡「山中節」の誕生

北前船の文化的遺産の一つに民謡「山中節」がある。北前船主や水主などは、冬季に大坂から歩いて大聖寺藩領の北前船の里に帰り、骨休めとして山中温泉や山代温泉に湯治に行った。彼らは湯につかりながら、地方で覚えた「江差追分」や「松前追分」、「出雲節」、隠岐の「どっさり節」などを唄った。これを、客の浴衣を持って湯から上がるのを待っていた浴衣娘《ゆかたべ》らが真似て山中訛りで唄ったのが山中節の始まりで、湯治客と浴衣娘たちのやり取りや掛け合いから生まれたともいわれる。

したがって、山中節からは追分的な哀愁が感じられる。当初は「湯座屋節」「湯の廊下節」と呼ばれ、定まった歌詞もなかったが、明治四十一年（一九〇八）に書かれた地誌の『加賀志徴』で初めて歌詞が採用され、大正十四年（一九二五）の『石川県江沼郡誌』には山中節として十八句と楽譜が採録された。昭和二年（一九二七）には芸妓の初代米八《よねはち》が三味線に合わせて唄った「正調山中節」がレコード化され、全国的な知名度を得た。

初代米八こと安實《あんじつ》清子は明治四十二年に福井県坂井郡金津町に生まれ、大正十一年に大阪で義太夫《ぎだゆう》を習い、翌年から山中温泉の芸者清香を名乗り活躍した。しかし、痛めた足の影響で踊りを断念し、民謡に打ち込み、十八歳のときに中断していた芸妓を再開し、米八の名前で再デビューした。

昭和九年には山中節保存会が設立され、これまでの「山中節」に加えて・山中音頭・山中セレナーデをコロンビアレコードから出した。現在では、日本海民謡・山中節全国コンクールが毎年九月に山中温泉で開催されている

▼**長谷部信連**　鎌倉幕府の御家人で、安芸国の検非違使を務めたというが、その詳細は不明である。また、石川県加賀市山中温泉塚谷町には信連の居館跡という遺跡があるが、これも詳細は不明である。

これも大聖寺

これぞ大聖寺の名物・食べ物

加賀ブロッコリー

昭和五十五年に水田転作用の作物として栽培が始まり、その後作付面積が拡大され、石川県内最大の生産地となった。加賀市三谷地区では、選別ラインに直結した製氷設備により鮮度を保ちながら出荷している。

加賀梨

加賀市奥谷町と小塩辻町で栽培され、光センサーを使って一つずつ糖度がチェックされている。高品質の梨で人気が高い。

加賀棒茶

吸坂飴

ぶり大根

大根寿し

治部煮

加賀棒茶

加賀市動橋町の丸八製茶場で製造する茶の一つで、一番茶の茎の旨味を損なわないように浅く焙じた献上棒茶である。

吸坂飴

江戸中期から吸坂村（現加賀市吸坂町）で製造されてきた麦芽飴。第二次大戦前には全戸数二五〜三〇軒が製造していたが、現在はわずか一軒となっている。

ぶり大根

冬を代表する郷土料理の一つで、旬のブリと大根を一緒に煮付けたものである。ブリは「あら」を使うが、切り身を使うこともある。

大根寿し

当地の正月料理を代表する郷土料理の一つで、加賀大根と身欠きニシンを糀《こうじ》で漬け込んだものである。まさに、北前船の交流がもたらした加賀料理である。

メギスの浜煎り

家庭料理を代表する料理の一つで、鍋に鱗・内臓・頭をとったメギスと水、塩を入れて強火で煮て食べる。本来は漁師が船上で食べた料理という。

治部煮

江戸時代から続く郷土料理で、小麦粉をまぶした鴨肉（または鶏肉）を季節の野菜やすだれ麩と煮合わせ、わさびを添えて食べる。

柿の葉寿し

柿の葉を広げたまま、その葉の上にすし飯と、シメサバ（またはサケ・ブリ）・桜エビ・針ショウガ・シイタケ・卵焼きなどを乗せ、押しをして食べる。

第五章 明治維新と大聖寺藩

本藩とともに新政府（朝廷方）を支持。

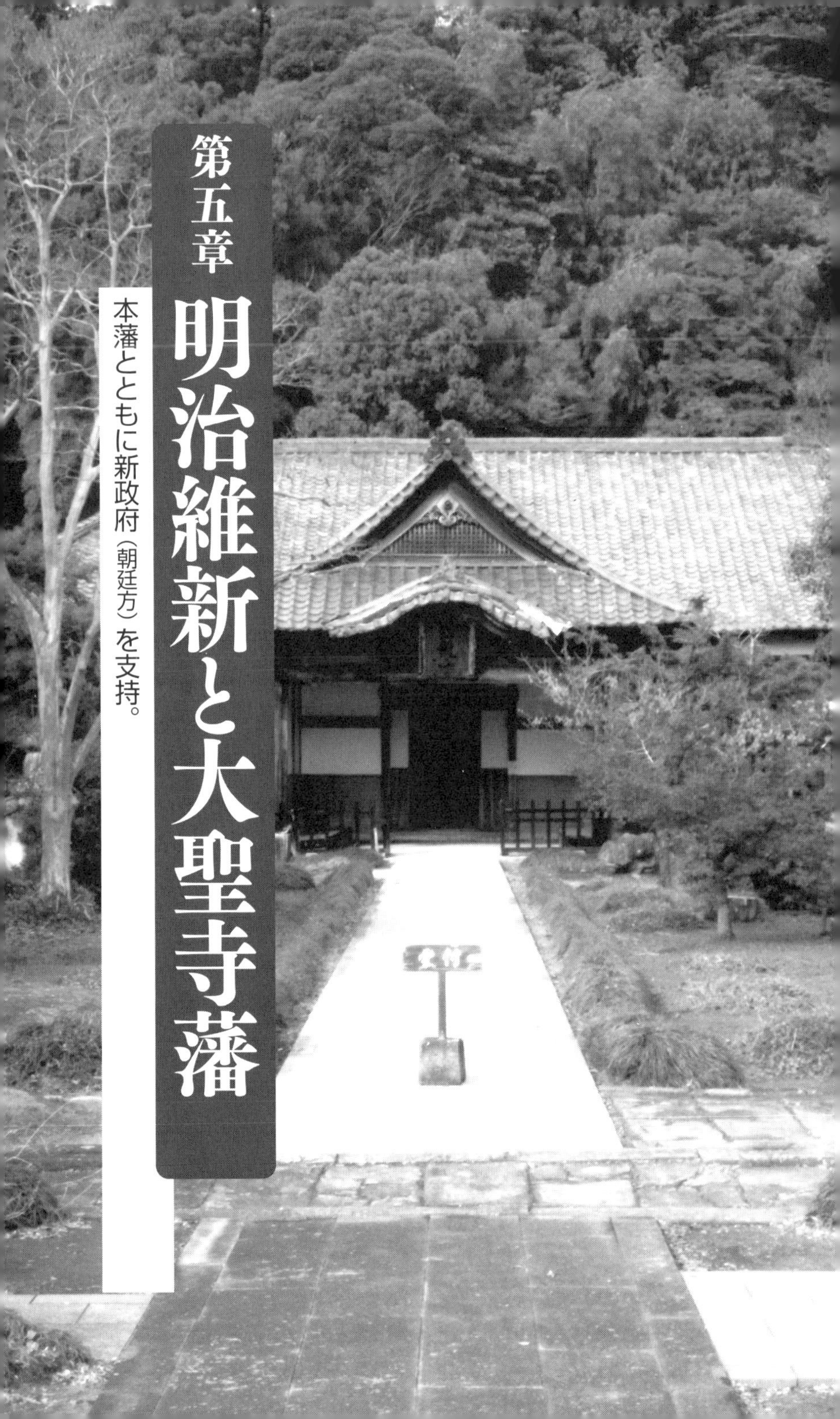

1 新政府への協力

新政府軍から弾薬二十万発の製造を命じられた大聖寺藩は、資金不足を補うため御城山（錦城山）の麓で贋金を製造した。明治二年には物資輸送のため琵琶湖に川蒸気船を就航し、新政府から送られてきた浦上キリシタンの改宗を行った。

戊辰戦争

幕末の動乱期、すでに幕府の権威は失墜していた。倒幕運動が激化するなかで諸藩にとって佐幕派（幕府側）につくか倒幕派につくかは藩命に関わる大きな問題であった。さらに慶応三年（一八六七）には十五代将軍徳川慶喜による大政奉還が行われ、翌年のクーデターによって王政復古の大号令が出されると、諸藩はその後起きた戊辰戦争★をめぐって新政府軍に付くか旧幕府勢力に付くかの選択を迫られた。しかし、支藩であった大聖寺藩には、それらを選択する余地はほとんどなく、加賀藩の決定に従うのみであった。

加賀藩は、元治元年（一八六四）の禁門の変★以来、佐幕派を堅持しており、大聖寺藩もまた佐幕派として動いていた。戊辰戦争は、明治元年（一八六八）の鳥

▼戊辰戦争
新政府軍と旧幕府の戦争の総称で、明治元年の鳥羽伏見の戦いや会津戦争、および翌年の五稜郭の戦いなどをいう。

▼禁門の変
急進派の長州藩兵が、元治元年（一八六四）に京都御所を守る薩摩・会津・桑名などの諸藩兵と蛤御門周辺で戦った反乱。蛤御門の変・元治の変ともいう。

羽伏見の戦いに始まり、複数の戦いを経て翌年の箱館戦争で幕を閉じることになるが、加賀藩は同年一月の鳥羽伏見の戦いでも将軍慶喜を支持し、一月一一日に金沢から援兵を派遣した。しかし、すでに一月三日に幕府軍は敗走しており、同月十二日に先鋒が越前国長崎村（現福井市）に達したときそれを知り、慌てて朝廷支持にまわった。

これに対し、大聖寺藩は本藩の決定に従うだけであった。その後、旧幕府勢力を追って新政府の北陸道鎮撫総督を務めた高倉永祜《ながさち》の一行が、二月二十九日に大聖寺城下に到着した。高倉永祜の一行は、城下本町の慶徳寺に寄宿し、本町端に高札を建てて将軍慶喜の鳥羽伏見の戦いを大逆無道と批判したことから、大聖寺藩は朝廷遵守を誓い、新政府軍に「郷村高辻帳」や「領分絵図」などを提出し、戊辰戦争の一つである北越戦争★への協力を約束した。

越後国の長岡藩周辺で行われた北越戦争は、激戦となった。十四代利鬯は、砲司令役の内藤敦輔《こうすけ》を輸送方に命じ、越後国柏崎の本営に弾薬を輸送させるために、加賀藩の津田権五郎の支分隊に従軍させた。また十四代利鬯は、加賀藩の出征隊に参加させるため小栗勇馬・平塚鎌吉らが引率する若干の藩兵を派遣したものの、金沢において戦争終息の報に接し帰還を命じている。同年十月に新政府から越後方面の鎮定を命じられた大聖寺藩は、同月二十六日に清水八郎左衛門・中沢十郎太夫を先発派遣し、柏崎で配備の任に当たらせた。

▼北越戦争
戊辰戦争の一つで、主として越後国の長岡藩領とその周辺で行われた戦争。北陸戦争ともいう。

前田利鬯の肖像写真（個人蔵）

このとき派遣された藩兵は、妙撰隊（小者・足軽）や奇銃隊（農民）など四小隊二五四人であった。四小隊は十月二十八日に大聖寺を出発し、柏崎に十日間滞陣したのち、平塚鎌吉・梅田五月の二隊は新潟に、残り中川八百木・日向雄三郎の二隊は小千谷に進出して付近一帯の警備に当たった。翌明治二年一月には、水害防備の施設に関して不平を唱え官府の命に従わずにいた信濃川沿岸の農民一万三〇〇〇人余が、武器を持って平島に集合するという事件が起きたが、このとき梅田・平塚の二隊が直ちに出動して彼らを説諭し、一帯を鎮静化させた。こうして四小隊は、三月〜四月初旬それぞれ大聖寺に帰還した。

琵琶湖汽船の就航

慶応四年（一八六八）九月二日、大聖寺藩は京都警備の兵士や武器、その他産物輸送の便を図るため、琵琶湖に川蒸気船を浮かべたい旨を朝廷に願い出て許可された。これは、大聖寺藩の秘書官を務めた石川嶂《たかし》の発案によるものであったが、当初、石川の建議は藩に受け入れられず、石川は脱藩してその実現を目指した。

まず石川嶂は、大津の舟屋である一庭《いちば》太郎平・啓二の協力を得て長崎に行き、幕府の長崎製鉄所で日本近代産業に蒸気機関を導入した杉山徳三郎やオランダ技師から機械と造船の大要を学んだ。また、ここで偶然、加賀藩海軍奉行の稲葉助五郎と出会い、協力を取り付けることに成功した。石川は蒸気機関や船具をイギリス人から購入し、鉄工や造船工を数人連れて大津に帰り、川蒸気船の製造を始めた。こうして大津造船所が開設された。

結局、大聖寺藩は石川の行動を認めることになり、朝廷から許可が下りると、船の建造費一万二五〇〇両を藩の京摂商会から支出して、同年十二月に起工し、翌年三月に一番船（長さ一八メートル、造船費八七二〇両）、十月には二番船（長さ二四メートル、一万二八〇両）を就航させた。大聖寺藩は大津に汽船局を設置し、一庭啓二を船長とした。この船は木造の外輪船で、琵琶湖の大津―海津間六四キロメートルを往復する日本最初の川蒸気船となった。

蒸気船はひき船をひき、蒸気船には上等客が乗り、ひき船に下等客とともに荷物が乗せられ運搬された。就航当初、琵琶湖沿岸の漁民らの強い反対・妨害行為がみられたが、次第に寄港を求めるようになり、この蒸気船を真似て新たに汽船会社を設立する者も出たという。石川は蒸気船の製造に際して製鉄所の必要性を感じ、神戸に工場を設置することを建議し、金沢藩（版籍奉還後に加賀藩から改称）の許可を得ている。こうして明治二年五月に両藩の出資（金沢藩三万七九三一両、大聖寺藩九四七九両）によって、兵庫製鉄所（のち川崎造船所）が創設された。

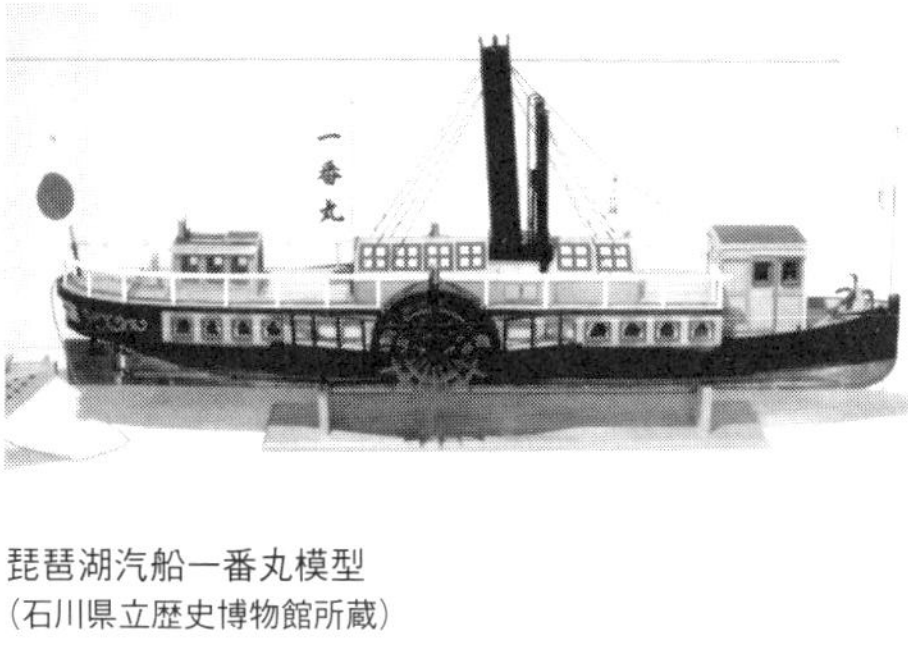

琵琶湖汽船一番丸模型
（石川県立歴史博物館所蔵）

パトロン事件

戊辰戦争などの過程で大多数の藩は財政危機に陥り、資金難に苦しんだ諸藩では贋金造りが行われた。大聖寺藩は明治元年（一八六八）の北越戦争に直接従軍しなかったものの、新政府の北陸道鎮撫総督高倉永祜から同戦争の弾薬（パトロン）の調達を命じられた。しかし、当時の大聖寺藩には弾薬の材料となる火薬や鉛を購入する資金がなく、諸藩の贋金製造の風評を得て、贋金の製造に踏み切った。贋金は弾薬の製造資金であったため、贋金そのものも「パトロン」と呼ばれた。藩の公用文書には、金千両あるいは一万両ではなく、パトロン一千発、パトロン一万発と記載され、贋金原料の銀製品を購入した京都・大坂の商会との往復文書でも「金銀」ではなく「パトロン」が使用された。

藩は御留山★になっていた古城山（錦城山）下の御武具土蔵を「パトロン製造所」と称し、その麓に掘った横穴を贋金製造の作業場とした。そこで家老佐分利《さぶり》環《たまき》や藩士江守平太夫・市橋波江《いちはしなみえ》をはじめ、徒・足軽など五〇人を作業員として明治元年二月下旬から贋金製造を行った。責任者の市橋波江は初名を治兵衛といい、弘化三年（一八四六）に家督百七十石を相続しており、金銀細工に優れた技術をもっていたことから、藩は彼とその弟子たちに贋金製造を命じた。市橋らは

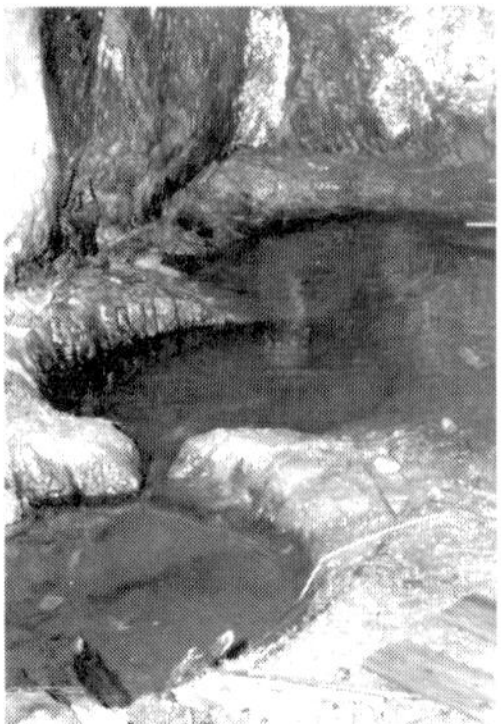
貨幣贋造所跡の内部
（錦城山の入口）

▼御留山
領民の入山を禁止した山のこと。

二分金の製造に一分銀を用い、一分銀が不足すると銀製の簪《かんざし》や器物を買入れ、一分銀一枚から二分金二枚を製造した。また偽造の二分金で二分銀二枚を買い、二分金四枚を製造した。贋金の仕上げには金メッキが施されたが、眩しいほど輝き、また角が立っていて新造貨幣とすぐに判明してしまうため、数日間、山代の温泉に浸して湯錆を施し、本物の二分金に近づけた。大聖寺藩の偽造貨幣の出来は、諸藩のものに比べて非常に良かった。

大聖寺藩は明治元年七月に、贋金で製造したという弾薬（ミニネールパトロン）および雷管《らいかん》（火薬筒）二〇万発を新政府の柏崎本営に輸送した。同二年三月に就航した琵琶湖汽船の一番船も、贋金によって製造されたともいう。ところが、同二年六月に至り、贋金の製造が発覚してしまった。そのきっかけは、出来の良い贋金を製造し使用していた大聖寺藩をやっかんだ、他藩の讒言ともいわれている。

藩は事件の発覚を「お家の一大事」ととらえ、重臣らは血相をかえ、直ちに事件の終息をはかるため、独自に関係者の処分を行うことにした。新政府に知人の多かった藩士の石川嶂は、弾正台（警察機関）長官である海江田武治《かいえだたけはる》（薩摩藩）に、藩主に累を及ぼさない方法を尋ね、責任者を明確にすることを教示された。大聖寺藩に戻った石川は、謹慎を命じられていた市橋波江に全責任を負わせることを決定した。市橋は熟考の末、事の重大さを承知し、すべて私一個人の仕事である旨の遺書を残し、割腹して五十七歳の生涯を終えた。

大聖寺藩の小梅銀
（石川県立歴史博物館所蔵）

大聖寺藩は波江に深く感謝し、生前の波江との約束通り、養子誠一郎に父波江の二倍の俸禄三百四十石を与えた。いま波江の墓は、大聖寺藩前田家の菩提寺である実性院の墓地に建てられている。

浦上キリシタンの教諭

新政府は慶応四年三月に「五榜《ごぼう》の掲示」★を発布し、その三榜で切支丹《きりしたん》（キリスト教）を禁止し、四月の御前会議で肥前国浦上《うらかみ》村★の切支丹信徒を諸藩に配流することを決定した。外国公使などはこれに強く抗議したが、六月に信徒一一四人が萩・津和野《つわの》・福山藩に、同二年十二月には残りの信徒三千数百人が長崎港から鹿児島・萩・福山・姫路・松山・和歌山・大聖寺・金沢藩など二一藩に移送された。

大聖寺藩は、明治二年十月の太政官布告で信徒五〇人を預かるよう命じられていたが、十二月に神戸で引き取ったのは浦上村山里中野の信徒八三人であった。信徒八三人は同月十九日に神戸を出発し、翌二十日に大坂に至り、二十八日に大坂を出発して徒歩で大聖寺に向かい、翌三年一月十二日に到着した。信徒のうち三三人は二月十六日に金沢藩（うち九人はさらに富山藩に）に移送され、大聖寺藩は信徒五〇人（男一四人・女三六人）を預かることになった。大聖寺藩預りの信徒は女性や子どもが多く、大聖寺城下の西側にあった庄兵衛谷の鉄砲場の粗末な長

▼五榜の掲示
太政官が明治元年に出した五枚の高札で、五倫道徳の遵守、徒党・強訴・逃散の禁止、キリシタンの禁止、外国交際と外国人への暴行禁止、居住国らの脱走の禁止などを定めていた。

▼肥前国浦上村
幕府領の肥前国彼杵郡浦上村（現長崎市）で、江戸中期から明治初期までに四回のキリシタン弾圧を受けた。

屋に収容され、朝食に粥一杯、昼食と夕食に堅飯一杯が支給された。太政官布告では信徒を農業・大工・金工などに従事させ、自給自足させることとしていたが、庄兵衛谷の信徒には仕事をする者はいなかった。

大聖寺藩は、信徒の教諭を浄土真宗の東西両派の寺院に命じ、各寺院は明治三年二月十六日に大聖寺の専称寺と毫摂寺《ごうしょうじ》で協議し、三月二十五日と二十六日の二日間に本善寺・慶徳寺・山代専光寺・三木勝林寺・月津蓮照寺・打越勝光寺の僧侶六人が毫摂寺で女性信徒三人を教諭した。しかし効果がなかったため、毫摂寺・本善寺・慶徳寺に一人ずつ預けて改宗を促している。こうして、信徒らは家族と切り離されたうえ各寺院に一人～三人ずつ預けられ、同年五月九日まで九回にわたり教諭され、一八人が改宗したという。預かった寺院へは飯米料や小遣銭が藩から渡されたが、各寺院では待遇や教化方法は大きく異なった。

こうした状況の下で、明治三年十二月に英国政府から切支丹信徒の取扱いに対する抗議が行われたため、右大臣岩倉具視は諸藩に対し浦上切支丹信徒の実情を報告させた。英国人が信徒の実情を視察するという知らせを聞いた大聖寺藩は、急いで信徒を本善寺に移し、庄兵衛谷の長屋の土間に床を張り、畳を新調するなど改修工事を施した。しかし、外務少丞水野良之と英国新潟領事代理ツルーフは、工事が完成しない同四年二月に大聖寺に到着し、待遇について詳細に質問した。信徒からは横暴などの訴えはなく、同六年三月に故郷の肥前国浦上村に帰った。

②大聖寺藩の終わり

知藩事の利鬯は明治四年に北前船主に献金を提出させて藩札を整理するとともに、自身の家禄半分を藩債の補塡に充てた。それでも藩債を整理できず、石代の銀納を十倍にする施策を決定したため、みの虫一揆（明治一揆）が起こった。

北前船主の藩債整理

明治政府は中央集権国家の形成に向けて、明治二年（一八六九）六月に版籍奉還★を実行した。大聖寺藩では、十四代利鬯が明治政府に版籍奉還の願書を提出し、同月十七日に許可されて大聖寺知藩事となった。

新政府は、府県の財政方針を統一するとともに、軍事費の政府への上納を義務付けた。同時に、旧藩の借財および財政危機を修復するため、乱発された藩札の処分と藩債の償却を義務付けた。諸藩同様、当時の大聖寺藩にも莫大な藩債があり、明治四年の『旧大聖寺藩債取調帳』には、金二三万一七八七両・永三七文八厘のほか、正銭一万七六〇〇貫文、現米千二百五十石、米券預高四千五百二十五石などの借財が記載されていた。また同年の『元大聖寺県借財根帳』から、借財

▼版籍奉還
諸大名が明治二年に版（土地）と籍（人民）を天皇に返上した改革。

先の商人や北前船主などを地域別にみると、大聖寺県金三万九一九〇両一分二朱・永六四文一〇分と銭一五万七五七五貫六文（うち北前船主が金二万七四五三両一分二朱と銭三万一三八〇貫文）、東京府一万七〇〇〇両、福井県金一万四五〇〇両、大阪府金二八〇〇両と銀一九六六匁一歩二朱余などで、北前船主に対する藩債が圧倒的に多かった。

知藩事の利罍は、明治四年正月に橋立村の北前船主久保彦兵衛・西出孫左衛門に紙幣方頭取を命じ、両人から金五〇〇〇両を提出させ、藩札を整理した。また、知藩事の家禄半分を藩債の補塡に充て、藩士に対し藩債の償却を分賦《ぶんぷ》負担させた。しかし、藩政期の藩債がすべて整理の対象となったわけではなく、北前船主らが献金の返済をすでにあきらめて棒引きとした者が多かった。御用商人を務めた吉田屋にも、宝暦三年（一七五三）から享和四年（一八〇四）までの御用金未返済分として金八六八両二分、銀二〇九二貫一七四匁、米一五二五石などがあった。こうして、藩債や藩札の整理が北前船主に依存しながら行われたが、思うようには進まなかった。

みの虫一揆

明治四年（一八七一）七月、廃藩置県★が実施された。これにより幕藩体制は解

▼廃藩置県
新政府が明治四年に藩を廃して府県制を施行した改革。

体され、各藩の徴税権と軍事権は明治政府に移行した。大聖寺藩は大聖寺県となり、利鬯は知藩事を免ぜられ（東京に移住）、ここに二百三十二年続いた大聖寺藩は姿を消すことになった。

同年の春、知藩事であった利鬯は、膨大な赤字を抱えたまま財政を新政府に引き継ぐことを不面目と考え、肥料代を引き上げること、石代の銀納を一〇倍に増加することなどを献策した。肥料代の引き上げは、前年に屎物《こえもの》代の拝借願が多く出されたため、租税掛主任の倉知喜平と十村の中谷宇平や開田九平次が、藩の除金を引き出して越前国敦賀で鯡を買い込んで塩屋湊に廻漕したところ、風波で船が転覆したため鯡代を引き上げようというものである。明治四年十一月、増税に対する農民一揆（明治一揆）が起こった。この一揆は、胴蓑《どうみの》を着た農民の姿がみの虫に似ていたことから「みの虫一揆」（みの虫騒動）と呼ばれ、「一揆に参加しない村をすべて焼払う」という首謀者の呼びかけにより、大規模な一揆になった。

十一月二四日の夜、農民らは打越勝光寺の門前に勢揃いし、租税掛附属の中谷宇平宅（中嶋村）や開田九平次宅（菅波村）を打ち毀した。翌二十五日の午前には、農民一〇〇〇人余が、大聖寺町に向かう途中に敷地村端で大参事の青池政順《あおいけまさより》や少参事の稲垣譲《いながきゆずる》らを馬から引き下ろし、①天朝の御規則通り御捌のこと、②屎物代御救のこと、③銀成是迄の通りのこと、④十村廃止のこと、⑤除米村の望み通りのこと、⑥諸役人不正を取調のこと、⑦張本人調べ申さざることの七カ条要求

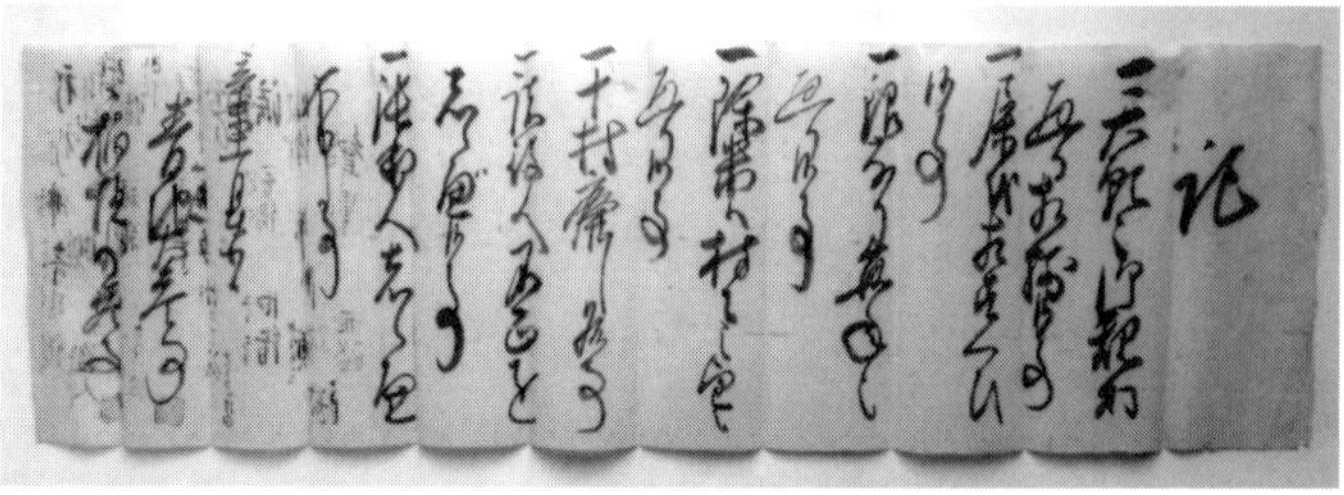

明治４年の七カ条要求書
（加賀市横北町所有）

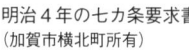

を認めさせた。さらに二十五日夜、農民の一部は大聖寺町に押し入り、租税掛の倉知喜平宅や屎物商の林清一宅を打ち毀したため、大聖寺県はやむなく兵士を出動させ、同日の真夜中に一揆は鎮定された。

この一揆では、ほかにも市中や東谷でも四二軒の民家が打ち毀され、分校村の新家理与門と裏谷重蔵、敷地村の半助ら八、九人が逮捕された。新家理与門と裏谷重蔵は、「裏谷塾」という寺子屋★で教える無高の農民であった。理与門は金沢で入牢した翌年六月に七十一歳で獄死し、半助は半年で放免となった。いまも分校町端には明治二十八年に江沼郡町村長が発起して建てた理与門の石碑がある。

なお、大聖寺県は一揆勃発前に金沢県に合併され、石川県が成立する。旧大聖寺藩領を含む現加賀市の近代は、大聖寺藩の遺制を引きずりながらスタートしていくのである。

▼寺子屋
江戸時代の庶民教育機関。

新家理与門の碑
（加賀市分校町）

これも大聖寺

ここにもいた大聖寺人

竹内吟秋《たけうちぎんしゅう》

天保三年～大正二年（一八三二～一九一三）

陶芸家。大聖寺藩士浅井長右衛門の長男で、藩士竹内栄蔵の養子となり、小島春《おしましゅん》晁《ちょう》★に絵画を学び、十七歳の時に飯田屋八郎右衛門に陶画を学んだ。その後、明治十一年に九谷本窯の塚谷竹軒や大蔵清七に陶技を学び、私学校「惟新社《いしんしゃ》」を設立して陶画工を養成した。同十二年には九谷陶器会社の設立に総支配人として参画し、惟新社の全生徒を連れて九谷本窯の復興に尽力した。また、同二十七年には石川県工業学校陶芸科の講師を嘱託され、その後十三年間務めた。師の飯田屋八郎右衛門が残した「方氏墨譜」を写した「八郎墨譜」を継承するなど、明治期の九谷焼業界を牽引した。

筑城良《ついきりょう》太郎《たろう》

明治七年～昭和七年（一八七四～一九三二）

挽物師。山中村の筑城善吉の長男で、初め木地屋旭弥三吉に挽技術を学び、明治二十六年には挽物木地に直接生漆を数回塗布して磨きあげる製品を開発した。さらに同三十三年には毛筋・鱗目・稲穂目などの模様筋入挽物を、同四十二年頃には糸目・松毬目・山道筋などの轆轤挽物に生漆で磨きあげる製品を考案した。作品は同四十年の京城博覧会、同四十二年の米国アラスカ・ユーコン太平洋博覧会、大正十四年のパリ現代装飾美術・産業美術国際博覧会、同十五年の米国フィラデルフィア万国博覧会などで有功銀牌を受けている。代表的作品「冨貴漆毛筋宝球形香合」は加賀市指定文化財となっている。

山田宗美《やまだそうび》

明治四年～大正五年（一八七一～一九一六）

金工家。大聖寺鍛冶町の金工家九代山田宗光の四男で、父から象嵌《ぞうがん》・打ち出し技術を習った。兄三人が病死したため、明治二十三年に長三郎を襲名した。同二十四年には一枚の鉄板から全形を鎚出する独自の鎚《つい》起《き》法を創案し、のちニワトリ・サル・ウサギなど小動物の作品を多く製作した。以後、大正四年まで内外の美術展で三〇数回入賞している。とくに、明治三十三年のパリ万博博覧会をはじめ、各万国博覧会で出品した作品は高い評価を受け、名実ともに日本の工芸界の第一人者となった。帝室技術員に推薦が内定していたが、発表直前に病死した。なお、宗美が残した「瓦上の鳩置物」「狛犬大置物一対」の二点が石川県指定文化財となっている。

中谷宇吉郎《なかやうきちろう》

明治三三年～昭和三七年（一九〇〇～一九六二）

物理学者・随筆家。片山津村の中谷卯一の長男で、大正十一年に東京帝国大学物理科に入学し、寺田寅彦の指導を受けて「電気火花」などの研究を行った。昭和三年に文部省留学生として英国に留学し、リチャ

ードソン教授の下で長波X線の研究に努めた。同七年には北海道帝国大学の教授となって「雪の結晶」の研究に取り組み、天然に見られる雪のあらゆる結晶形を人工で作ることに成功した。『雪の結晶の研究』は外国の学界でも高く評価され、同十六年に帝国学士院賞を、同十七年には『凍土の研究』により日本学術協会賞を受賞した。同二十七年には雪氷研究のため家族とともに渡米し、雪氷凍土研究所の所員となってシカゴ郊外に居を構えた。同三十一年には国際雪氷委員会副総裁となり、世界の低温地域の開発にも功績を残し、世界的な「雪博士」として有名になった。専門の学術書のほか、『冬の華』など多くの随筆を書いている。

深田久弥《ふかたきゅうや》

明治三十六年～昭和四十六年（一九〇三～一九七一）

登山作家。大聖寺中町の深田弥一の長男で、大正十五年には東京帝国大学哲学科に入学し、雅川滉《つねかわひろし》・手塚富雄《てづかとみお》などと文学誌『新思潮』を刊行するとともに、改造社編集部に三年間勤務した。昭和五年には文藝春秋に「オロッコの娘」を発表し、大学を中退し作家活動に専念した。同七年に「津軽の野づら」「あすなろう」を発表し、同八年に

は小林秀雄らと『文学界』を創刊した。復員後の同二十二年には大聖寺仲町に帰郷し、「はつしほ句会」や錦城山岳会を結成した。同三十年には金沢から東京に転居し、同三三年にヒマラヤのジューガル・ヒマールを探査した。同四十年に『日本百名山』で第一六回読売文学賞を受賞し、同四十三年には日本山岳会副会長に就任した。同四十六年に山梨県の茅ヶ岳《かやがだけ》頂上付近の女岩を経た尾根付近で脳溢血により急死した。平成十四年に大聖寺番場町に「深田久弥山の文化館」が創設された。

▼**小島春晁**　文人画家の谷文晁に師事し、弘化年間（一八四四～四八）に大聖寺藩の名所を描いた「錦城名所」を作成して十一代利平に献上した。

エピローグ

現在に生きる大聖寺藩

加賀藩の支藩として寛永十六年（一六三九）六月に成立した大聖寺藩は、明治四年（一八七一）の廃藩置県による藩制度の解体まで一度も改易・転封を見ることなく存続した。大聖寺藩が長期にわたって江戸時代を生き抜けたのは、東アジアの安定した国際環境を背景に幕藩体制が維持され、さらに本藩である加賀藩の支援があったからであった。財政的な支援はもちろんのこと、改作法に代表されるように、大聖寺藩では基本的に経済政策も加賀藩のそれに準じて展開された。しかし、完結した制度はほとんどみられず、たとえば改作法の一環をなした村御印は、加賀藩のように藩主の黒印が押されたものではなく御算用場の印物であったし、十村制度も加賀藩に比べて簡素な組織であった。藩主の罷免や後継にも加賀藩の意向が強く反映され、藩内の事件処理についても采女事件や神谷派と村井派の政争にみられたように、加賀藩の主導により行われた。文政四年（一八二一）の十万石高直しについても、加賀藩からの願書提出により行われた。そして大聖寺藩が存続できた要因としてもう一つ指摘しておかなければならないのは、北前船主による支援であろう。とくに江戸末期の財政・軍政改革において北前船主の資金力は不可欠であった。

加賀藩は大聖寺藩は自藩の一部という意識をもちながらも、譜代大名の福井藩に備える独立藩とも考えていた。一方、幕府から領知朱印状を受けた大聖寺藩は、廃藩の恐れは少なからずあったものの、常に加賀藩の庇護の下にあると考えていた。ともあれ、大聖寺藩の加賀藩への依存度が弱まることはほとんどなく、加賀藩と大聖寺藩の本藩（本家）・支藩（分家）関係は、江戸時代を通じて大きな変化がなかったといえるだろう。

こうした大聖寺藩は、赤字続きの財政問題や政治抗争・一揆・災害などの問題に対応しながら、どうにか二百三十二年を生き抜いた。その間、藩領内では九谷焼・山中漆器・北前船など諸産業が発展し、大聖寺城下町の武家文化や町人文化、山中・山代の温泉文化も生まれた。こうした大聖寺藩の痕跡は、現在まで多くが受け継がれてきている。たとえば、城下町の大聖寺には、二代利明が建立した大聖寺藩菩提寺の実性院をはじめとする「山ノ下寺院群」や、三代利直が宝永六年（一七〇九）に建造した長流亭《ちょうりゅうてい》（国指定文化財）、藩主・藩士や庶民が参詣した菅生石部神社や加賀神明宮、さらに明治二年（一八六九）に大聖寺関所の柵門が移築された宗寿寺の山門など多くの文化遺産がある。また、大聖寺藩士らが出かけた片野鴨池には、現在も多くの渡り鳥が集まり、坂網猟も行われている。

九谷焼や山中漆器は、人気の高い特産品として現在に受け継がれており、石川県九谷焼美術館・九谷焼窯跡展示館や山中漆器伝統産業会館でその歴史を知ることができる。平成二十九年に日本遺産に認定された橋立町には、北前船主の屋敷を使用した「北前船の里資料館」がある。

あとがき

現代書館の菊地泰博社長より「シリーズ藩物語」に参加しないかと熱心なお誘いをいただいたのは、今から二年ほど前のことである。ちょうどその頃、二つの地域史の編纂を抱えており、引き受けに悩んだ。しかし、長年「江沼地方史研究会」で活動しながら藩政史料の発見・整理を行ってきたこと、また加賀市文化財審議会委員として大聖寺藩政期の文化財の保護と活用に携わってきたことなどから、この地域の歴史や文化をもっと広く知ってもらいたいと思いお誘いをお受けすることにした。

私は四十五年近く加賀藩林野制度史や白山麓出作りを研究をする傍ら、大聖寺藩政史についても研究を続けてきた。昭和六十三年から平成十四年まで石川県立歴史博物館の古文書調査委員として主に旧大聖寺藩領の古文書を調査したが、古文書が余りにも少ないことに驚いた。その後、調査で発見した古文書を整理して、自費出版で『大聖寺藩の武家文書』(全六巻)、『大聖寺藩の村方文書』『大聖寺藩の町有文書』『大聖寺藩の寺院文書』として刊行した。貴重な「山長文書」(『大聖寺藩史』編纂時に収集した古文書)とともに、大聖寺藩政史研究に役立てて欲しいと願っている。

平成二十七年に山中温泉の「道明が淵」が「おくのほそ道の風景地」として名勝地に国指定されるまで、その保存活用計画策定委員として関わり、現在は加賀海岸を「文化的景観」としての国指定に向けた検討委員として取り組みを行っている。令和元年八月には地元の高校生が中心になって大聖寺藩の参勤交代を再現し、マスコミにも広く取りあげられた。このように大聖寺藩の文化を再認識する努力がなされており、喜ばしい限りである。時代とともに加賀市の姿は変わってきているが、大聖寺には金沢とは違う旧城下町の趣があり、また市内には大聖寺藩を知ることのできる施設や自然が多く残されている。

本書の執筆に当たってはなるべくわかりやすい言葉の使用を心がけたものの、これまで私が執筆した本の多くが研究書であるため、大聖寺藩をわかってもらえるのかどのように受け取られるか、正直不安もある。ただ、私自身にとっては新たな気付きもあり、大聖寺藩の歴史を再確認する機会となった。なお、本文中に著書・著者・編者などを明記できなかったので、ご容赦願いたい。

最後に、現代書館の菊地社長をはじめ、編集の加唐亜紀氏、校正の高梨恵一氏など関係者各位から的確な助言をいただいた。また「江沼地方史研究会」の会員、とくに田嶋正和氏と見附裕史氏には資料提供などご協力を頂いた。ここに記して深く感謝したい。

参考引用文献

『加賀藩史料』（全一七冊、清文堂出版、昭和四五年）
『石川県史・第二編』（石川県、昭和四九年）
『石川県史・第三編』（石川県、昭和四九年）
『石川県江沼郡誌』（石川県江沼郡役所、大正一四年）
『大聖寺藩史』（大聖寺藩史編纂会、昭和一三年）
『加賀市史・通史上巻』（加賀市史編纂委員会、昭和五三年）
『加賀市史・資料編第一巻』（加賀市史編纂委員会、昭和五〇年）
『加賀市史・資料編第四巻』（加賀市史編纂委員会、昭和五三年）
牧野隆信編『加賀市史料五』（加賀市立図書館、昭和六〇年）
牧野隆信編『加賀市史料九』（加賀市立図書館、平成元年）
牧野隆信編『加賀市史料十』（加賀市立図書館、平成二年）
牧野隆信『北前船の研究』（法政大学出版局、平成元年）
坂井誠一『富山藩』（巧玄出版、昭和四九年）
鎌田　浩『幕藩体制における武士家族法』（成文堂、昭和四五年）
野口朋隆『江戸大名の本家と分家』（吉川弘文館、平成二三年）
山本博文『日本一の大大名と将軍さま』（グラフ社、平成二一年）
中西　聡『海の富豪の資本主義』（名古屋大学出版会、平成二一年）
山口隆治『大聖寺藩祖・前田利治』（北国新聞社、昭和六三年）
山口隆治『大聖寺産業史の研究』（桂書房、平成一二年）
山口隆治『大聖寺藩制史の研究』（桂書房、平成二八年）

山口隆治（やまぐち・たかはる）
昭和二十三年、石川県加賀市生まれ。
文学博士、現加賀市文化財審議委員会会長。
著書に『加賀藩林野制度の研究』『加賀藩地割制度の研究』『加賀藩山廻役の研究』『白山麓・出作りの研究』など。

シリーズ藩《はん》物語《ものがたり》 大聖寺藩《だいしょうじはん》
二〇二〇年三月十五日 第一版第一刷発行

著者――山口隆治
発行者――菊地泰博
発行所――株式会社 現代書館
東京都千代田区飯田橋三―二―五 郵便番号 102―0072 http://www.gendaishokan.co.jp/
電話 03―3221―1321 FAX 03―3262―5906 振替 00120―3―83725
組版――デザイン・編集室 エディット
装丁・基本デザイン――伊藤滋章（基本デザイン・中山銀士）
印刷――平河工業社（本文）東光印刷所（カバー・表紙・見返し・帯）
製本――積信堂
編集――加唐亜紀
編集協力――黒澤 務
校正協力――高梨恵一

江戸末期の各藩

松前、**八戸**、七戸、黒石、**弘前**、**盛岡**、**一関**、**秋田**、亀田、本荘、秋田新田、仙台、松山、**新庄**、**庄内**、天童、長瀞、**山形**、上山、**米沢**、米沢新田、相馬、福島、**二本松**、三春、**会津**、**守山**、棚倉、平、湯長谷、泉、**村上**、黒川、三日市、**新発田**、村松、三根山、与板、**長岡**、椎谷、**高田**、糸魚川、松岡、笠間、宍戸、**水戸**、下館、結城、**古河**、下妻、府中、土浦、麻生、谷田部、牛久、大田原、黒羽、烏山、喜連川、**宇都宮・高徳**、**壬生**、吹上、**足利**、佐野、関宿、高岡、佐倉、小見川、多古、一宮、**生実**、鶴牧、久留里、大多喜、請西、飯野、佐貫、勝山、館山、岩槻、忍、岡部、**川越**、沼田、前橋、**伊勢崎**、館林、高崎、吉井、小幡、安中、七日市、飯山、須坂、**松代**、**上田**、**小諸**、岩村田、田野口、**松本**、諏訪、**高遠**、飯田、金沢、荻野山中、**小田原**、**沼津**、小島、田中、掛川、**相良**、横須賀、浜松、富山、加賀、**大聖寺**、郡上、高富、苗木、岩村、加納、大垣、高須、今尾、犬山、挙母、岡崎、西大平、西尾、**三河吉田**、田原、大垣新田、尾張、**刈谷**、西端、長島、**桑名**、神戸、菰野、亀山、津、久居、鳥羽、宮川、彦根、大溝、山上、西大路、三上、膳所、水口、丸岡、勝山、大野、**福井**、鯖江、敦賀、小浜、**淀**、新宮、田辺、紀州、峯山、宮津、田辺、綾部、山家、園部、亀山、福知山、柳生、柳本、芝村、郡山、小泉、櫛羅、高取、高槻、麻田、丹南、狭山、岸和田、伯太、豊岡、出石、柏原、篠山、尼崎、三田、三草、明石、小野、姫路、林田、安志、龍野、山崎、三日月、赤穂、鳥取、若桜、鹿野、**津山**、勝山、新見、岡山、庭瀬、足守、岡田、岡山新田、浅尾、松山、鴨方、福山、広島、広島新田、高松、丸亀、多度津、西条、小松、今治、松山、**大洲・新谷**、**伊予吉田**、**宇和島**、徳島、**土佐**、土佐新田、**松江**、広瀬、母里、浜田、津和野、岩国、徳山、長州、長府、清末、小倉、小倉新田、**福岡**、**秋月**、**久留米**、柳河、**三池**、蓮池、唐津、**佐賀**、**小城**、鹿島、大村、島原、平戸、平戸新田、**中津**、杵築、日出、**府内**、臼杵、**佐伯**、森、**岡**、熊本、熊本新田、宇土、人吉、延岡、高鍋、佐土原、飫肥、薩摩、対馬、五島（各藩名は版籍奉還時を基準とし、藩主家名ではなく、地名で統一した）　★太字は既刊

シリーズ藩物語・別冊『それぞれの戊辰戦争』（佐藤竜一著、一六〇〇円＋税）

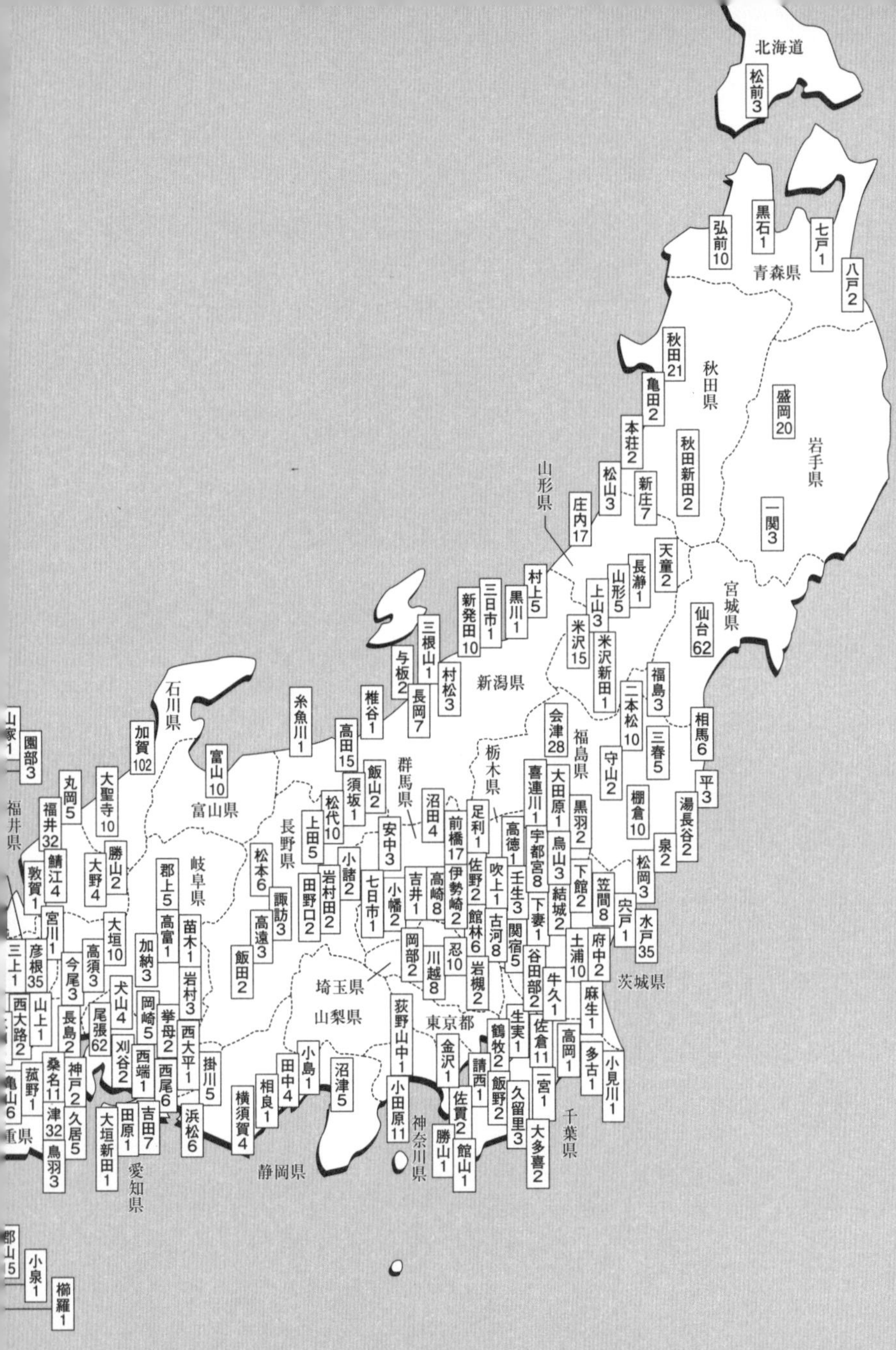

江戸末期の各藩
（数字は万石。万石以下は四捨五入）